Alter ist

Karl S. Krone

OLDI

Alter ist eine Frage der Einstellung

50 Inspirationen
für dein schönes neues Leben
im Ruhestand

YES

Originalausgabe
1. Auflage 2022

Pascale Breitenstein & Oliver Kuhn GbR
Türkenstraße 89, 80799 München
info@yes-publishing.de

Redaktion: Matthias Teiting
Umschlaggestaltung: Ivan Kurylenko (hortasar covers)
Layout und Satz: Helmut Schaffer, Hofheim a. Ts.
Druck: GGP Media GmbH, Pößneck
Printed in Germany

ISBN Print 978-3-96905-184-9
ISBN E-Book (EPUB, Mobi) 978-3-96905-186-3
ISBN E-Book (PDF) 978-3-96905-185-6

Achtung!
Dieser Text kann Spuren von Humor und Ironie enthalten!

Wenn man heute eine Satire veröffentlicht, ist es angebracht, diese bereits in den ersten Zeilen als solche zu kennzeichnen: »Vorsicht, Satire!«, oder auch: »Achtsam weiterlesen – Humor kann Ihre Lachmuskeln reizen!« Oder eben: »Achtung! Dieser Text kann Spuren von Humor und Ironie enthalten!« Ich hoffe, du persönlich wirst diese Hilfestellung aus dem Bereich betreutes Denken nicht brauchen. Dennoch möchte ich speziell für dieses Buch darauf hinweisen, dass es sich bei dem vorliegenden Werk nicht um einen ernst zu nehmenden Versuch der Lebenshilfe handelt, also auch um keinen echten Ratgeber oder Survival-Guide – du kannst eventuell aktivierte Gefühle von Lernbereitschaft wieder abschalten. Ein solches Buch dürfte ohnehin nahezu überflüssig sein, denn wer es bis zum Rentenalter geschafft hat, sollte sein Leben im Griff haben und keine Ratgeber mehr benötigen. Sollte man annehmen.

Doch, ein wirklich wahrer Ratgeber!

Das Rentenalter erreicht – endlich erwachsen! Hinter dir liegt eine Lebensphase, in der kuriose Beschäftigungen wie der Kauf endgeiler Lautsprecherboxen und das Tragen bizarren Schuhwerks dein Lebensinhalt waren. Es folgten Phasen voller Windelhorror und Bausparersorgen. Nervende Kleinkinder, vielleicht eine Horde Pubertierender. Vorbei, endlich frei! Jetzt fängt das richtige Leben an! Ruhestand? Um Gottes willen! Du hast noch so viel vor! Zukunftsängste? Warum denn nur? Was soll dir schon passieren? Gut, ein paar Probleme gibt es, aber die nehmen wir in Angriff.

Du kannst dir zum Beispiel Passwörter nicht mehr so gut merken wie vor zwei Jahrzehnten, aber ist das wirklich tragisch? Man entwickelt seine Techniken, um solche Dinge in den Griff zu kriegen. Den Mount Everest (8848 m) erklimmst du nicht mehr an einem Wochenende. In dieser Lebensphase muss der Große Feldberg (881 m) im Taunus reichen. Oder der Monte Troodelöh (118,04 m) im Königsforst bei Köln. Wen wollte ich heute noch anrufen? Vergessen. Mal auf die Liste schauen. Ach ja! Kurzatmigkeit, Vergesslichkeit, ein gewisser Hang zum Chaos – nein, das sind alles keine grundlegenden Probleme. Als Rentner oder Rentnerin hat man ganz andere, viel gewichtigere Fragen zu lösen …

Wie komme ich ohne Arbeit aus?

Rentner in Europa am Morgen:

Was macht der englische Rentner? Er frühstückt, liest die *Times* und geht dann in den Club.

Was macht der französische Rentner zur Morgenstunde? Er frühstückt Kaffee und Baguette, klemmt sich eine Flasche Rotwein unter den Arm und besucht seine Freundin.

Der deutsche Rentner nimmt seine Herztabletten ein und wünscht sich, er könnte zur Arbeit gehen.

Stimmt das so? Ist das Leben ohne Arbeit wirklich so trüb?

Die Abschiedsfeier in der Firma – was hast du dich klammheimlich gefreut, dass du diese Sackgesichter nicht mehr jeden Tag sehen musst! Jetzt wird dir allerdings klar, dass du Stress gegen Langeweile getauscht hast – irgendwie kein besonders guter Deal…

Apropos Langeweile – gut, dein Job war auch nicht gerade ein Freizeitpark. Aber wenn, was ja durchaus nicht selten vorkam, mal wieder ein Nachmittag ausgesprochen ereignislos zu verlaufen drohte, hattest du tolle Möglichkeiten. Zum Beispiel konntest du immer irgendjemanden hinters Licht führen!

Das Reich der Legenden aus sämtlichen Berufszweigen berichtet von urkomischen Aktionen auf Kosten zum Beispiel der Auszubildenden.

Du warst Schreiner? Gib es zu, auch du hast während deiner Berufskarriere mindestens dreimal einen Lehrling losgeschickt, den Kurvenhammer zu holen oder das Augenmaß. Ach so, du warst im Gartenbau tätig oder Archäologe? Dann war es eher der Spatenmotor, nach dem du einen unbedarften Mitarbeiter geschickt hast. Im Bauwesen und in der Montage waren der Siemens-Luftanker, das Holzschweißgerät, die Ersatzblase für die Wasserwaage und der Kupfermagnet immer wieder dringend benötigte Hilfsmittel. Und keine Autowerkstatt kam ohne Kolbenrückholfeder oder die Kurbelwellenbeleuchtung über eine Langeweilekrise am Arbeitsplatz hinweg. Mancher Elektriker in der Ausbildung musste auch kurz vor Feierabend noch schnell den Spannungsabfall wegfegen.

Das alles funktionierte natürlich nur, weil du im Beruf eine gewisse hierarchische Höhe hattest. Die armen Opfer deiner Schandtaten trauten sich nicht, sich zur Wehr zu setzen, zumal deine genauso gemeinen Kollegen dich auch noch unterstützten. Jetzt als Rentner stehst du allein da.

Zwischenfrage an die Rentnerinnen: Haben Frauen eigentlich im Berufsleben auch einen solchen Fundus an miesen Scherzen?

Ich höre gerade von gewöhnlich gut informierten Seniorinnen, dass auch sie im Berufsleben ihre Tricks und kleinen

Späßchen unter Kollegen hatten. Zucker im Salzstreuer führte zu einer heiteren Mittagspause, an einem langen Wochenende wuchs Kresse in der Tastatur (billiges Ersatzgerät nehmen!), die ganz private Zeitumstellung (einfach die Uhr im Büro eine Stunde zurückstellen) irritierte doch sehr und ein bisschen Nutella auf dem Deckel der Damentoilette oder am Wasserhahn sorgte für lustigen Ekelspaß bei besonders empfindlichen Kolleginnen.

Zurück zum Rentnerdasein: neue Tätigkeitsfelder für Oldies? Versuch lieber nicht, lieber Rentner, deinen Nachbarn zu verarschen, auch wenn dich die Idee noch so reizt. Es sei denn, du hast vor, in nächster Zeit umzuziehen. Lass auch die Menschen zufrieden, die täglich deine Post anliefern. Es könnte sonst sein, dass du keine mehr bekommst. Vergeh dich nicht mit derartigen Scherzen an jüngeren Familienmitgliedern. Dein Karma könnte entscheidend leiden und deine Schandtaten fallen irgendwann auf dich zurück. Du willst nicht scherzen, sondern Ernst machen?

Werd nicht zum Platzhirsch!

Im Beruf warst du die ganz große Nummer – die volle Anerkennung, Triebabfuhr inklusive. Aggressionen abbauen? Wozu gab es die lieben Kollegen oder gar untergebene Mitarbeiter? Mach jetzt nicht den Fehler, diese Verhaltensweisen auf deinen Wohnort und deine Nachbarschaft zu übertragen!

Einen Platzhirsch wollen die nicht – oder sie haben schon einen.

Apropos Platzhirsch: Früher hattest du so deine Probleme mit der Hierarchie. Nein, nicht solange du oben standest, aber da warst du nicht immer. Du musstest kämpfen in deinem Berufsleben, und du konntest kämpfen wie kein anderer. Was hast du doch alles an Lebensqualität aus dem Kampf gegen deine widrigen Mitmenschen gezogen! Wie zufriedenstellend war es, wenn du deinen Arbeitstag beenden konntest in dem Bewusstsein: Ja, ich habe sie fertiggemacht, alle! Nein, über dir ist jetzt tatsächlich nichts mehr. Als Rentner bist du der Boss, der Chef oder die Chefin zugleich – nur: Unter dir ist ebenfalls niemand, den du bekämpfen, drangsalieren, belügen, treten, um den letzten Nerv bringen oder mit dem du auch einfach nur bedeutungsschwanger reden kannst. Du bist allein in deiner Firma.

Sogar als Verlierer, wenn du einmal nicht als Sieger aus einer Auseinandersetzung hervorgegangen bist, konntest du doch den weiteren Kampf vorbereiten, Intrigen schmieden, gemeine Fallen stellen, Tretminen legen – ach, was war das schön! Heute hast du immer noch Probleme mit der Hierarchie – mit einer viel zu flachen nämlich. Über dir nichts, von dem du dich geschickt wegducken müsstest. Unter dir nichts – allenfalls dein Dackel oder dein Goldfisch oder die Miezekatze. Aber selbst die ist nicht wirklich unter dir in der häuslichen Hierarchie, denn das Biest tanzt dir jeden

Morgen schon beim Frühstück auf der Nase herum, wenn es dir wieder mal die Wurst von deinem Teller klaut.

Nun bist du in Rente, die Hierarchie in der Firma namens Familie ist flach, flacher geht es nicht. Alte Kontrahenten gibt es nicht mehr. Du könntest dir neue suchen, indem du – im übertragenen Sinne natürlich – laut röhrend durch euer Wohngebiet rennst und den örtlichen Platzhirsch auf dich aufmerksam machst. Vermutlich geratet ihr dann irgendwann aneinander – meist wegen Parkplatzproblemen, Streit über die Mittagsruhe oder die Grenzbebauung –, und es entwickelt sich ein schöner, erfüllender Nachbarschaftszwist, der zwei lebensvolle Männer ganz und gar beschäftigen kann. Ganz wie früher im Berufsleben – nur kriegt jetzt deine und auch seine Familie alles hautnah mit. In der Firma wart ihr sozusagen für euch im Spielerparadies, in so einer Art Bällebad oder Paintball-Arena für Erwachsene. Jetzt sind alle live dabei

Zu deiner Seelenruhe als Rentner wird das möglicherweise nicht beitragen, weil jetzt alle genervt sind. Deine Partnerin/dein Partner, der Nachwuchs, die Haustiere, etwaige Besucher und wer immer mit euch zu tun hat. Ja, aggressive Rentner, das ist eine besondere, wenn auch verbreitete Lebensform. Hunderte Anwaltskanzleien und zahllose Richter finden Beschäftigung wegen sich streitender Rentner. Dutzende Hausärzte und Therapeuten flicken die Wunden, die sie sich gegenseitig schlagen.

Du hast im Beruf nicht zu den Alphatieren gehört? Du warst eher Teil der Herde im Arbeitsleben, warst nicht der Schäfer oder gar der Schäferhund? Auch gut. Die oben geschilderten Probleme mit dem sinnstiftenden Streit unter Leithammeln hast du also nicht. Freu dich, du Teil der Herde, du bist jetzt fein raus. Der Schäferhund ist weg, du kannst friedlich grasen, ohne dass dich jemand ankläfft …

Sie brauchen dich, aber brauchst du sie?

Gemeinnützigkeit ist eine ansteckende Krankheit, und du als Rentnerin bist besonders anfällig dafür. Hinter jeder Straßenecke lauern sie auf dich und wollen deine Arbeitskraft nahezu kostenlos ausbeuten – aber vielleicht hast du ja sogar Spaß daran? Jetzt fällt mir wieder ein: Wir reden über ein typisches Männerproblem. Frauen sehen sich selbst in ihrem aktiven Berufsleben, in ihrer Firma, so glaube ich, ganz anders als Männer. Sie schwimmen wie die Fische im Wasser, genießen es, auf derselben Woge mit ihren Kollegen und Kolleginnen zu treiben, gemeinsam neue Strände zu erobern, um im Bild zu bleiben. Ja, die Frau als Rentnerin hat es einfacher. Zumal Frauen in diesem Alter unternehmungslustiger sind als Männer. Die alte Hierarchie existiert nicht mehr, das System Arbeitswelt ist abgeschaltet? Kein Problem, nehmen wir doch diese Veränderung zum Anlass, etwas Neues aufzubauen und uns an anderer Stelle zu engagieren – denkt die Frau, die jetzt

Rentnerin ist. Gehen wir doch einfach irgendeine Aufgabe in der Verwandtschaft an. Oder bringen wir uns gemeinnützig ein – wobei gemeinnützig eigentlich ausgesprochen eigennützig ist, denn am meisten von der gemeinnützigen Tätigkeit profitiert die Dame selbst, die sie ausübt.

Warum Männer das nicht begreifen? Auch denen fehlt das alte Sozialsystem, wenn auch aus ganz anderen Gründen, aber sie schlagen lieber auf dem Sofa Wurzeln, statt sich irgendwo nützlich zu machen – wobei es auch Männern selbst am meisten nützt, nützlich zu sein.

Gehen eigentlich auch Hausfrauen (und -männer) in Rente?

Keine Frage, sie haben es verdient. Allerdings ist die Entlastung vom anstrengenden Berufsalltag nicht vollständig: Überfallartig brechen Kinder und Enkelkinder an Sonntagen in den Rentnerhaushalt ein und verlangen die hochkalorische Verköstigung, mit der sie seit ihrer frühen Kindheit sentimentale Erinnerungen verbinden. Wer steht wieder mal am Kochtopf? Gehen eigentlich Hausfrauen nie in Rente? Ja, schon, irgendwann, aber das bedeutet nicht dasselbe wie bei einem Mann, zumal es unter den Männern immer noch wenige Hausmänner gibt.

Besonders krass unterscheidet sich die weibliche von der männlichen Rolle im Rentenalter, wenn der Nachwuchs zu Besuch kommt. Da wird erwartet, dass aufgetischt wird, was Küche und Keller hergeben. Den Kasten Bier aus dem Keller holt Opa nicht mehr selbst – das macht die sportliche Tochter. Die Küche ist das Problem. Da muss nämlich die Hausfrau und Mutter zur Tat schreiten, auch wenn sie in Rente ist. Würde sie sich weigern, für die ganze Bagage zu kochen und zu backen, würde sie einen familiären Shitstorm ersten Ranges auslösen – und den halten nur ausgesprochen charakterfeste Frauen aus. Oder das große Jammern: Söhne betteln um Sauerbraten, Töchter vergessen all ihre vegetarischen und veganen Ambitionen und schwelgen schon vorab in Traumvisionen von Spaghetti bolognese, und das ohne Rücksicht auf die darin enthaltenen Kalorien und Rinder. Und da ist dann immer noch die eine, die gerade Intervallfasten betreibt und für die das Essen zu Hause bei Muttern gerade in eine Fastenphase fällt – es sei denn, alle richten sich nach ihr und treffen sich am Dienstag, pünktlich um neun Uhr. Da hat sie nämlich zwei Tage nichts gegessen und einen Mordshunger.

Doch handelt es sich bei diesen kuriosen Verwicklungen um die familiäre Ernährung nicht etwa um die einzigen Verwerfungen im Rentnerhaushalt …

Ganz gewaltige Veränderungen in der Tierwelt

Man könnte sie zwar nur als Familienmitglieder zweiten Ranges bezeichnen, aber sie haben dich und die Deinen ein ganzes Leben lang begleitet und planen keinen Umzug, nur weil du jetzt Rentner bist – deine Haustiere. Barko, dein treuer Hund, der dich immer ins Büro begleiten durfte, dort als Reißwolf Dutzende Kartons zerkleinert hat und dir im Winter unter dem Schreibtisch so wunderbar die Füße wärmte – das alles gab seinem Leben einen Sinn. Jetzt steht er wie immer um 7:00 Uhr schwanzwedelnd vor der Haustür und will los. Nur: Er darf nicht, es geht nicht in die Firma! Nach einer kurzen Runde um den Block muss er wieder – husch! – ins Körbchen. Langweilig …

Ganz anders Tigger, dein Kater. Wie bringst du ihm schonend bei, dass du jetzt den ganzen Tag in seiner Wohnung verbringst und ihm das Revier streitig machst? Bis vor Kurzem hatte das arme Tier jeden Tag zehn Stunden Ruhe, den Arbeitsweg mitgerechnet. Du warst morgens um 7:00 Uhr aus dem Haus und kamst frühestens um 17:00 Uhr zurück, um ihm seine Dose mit dem Delikatesskatzenfutter zu servieren und sein Katzenklo sauber zu machen. Zu mehr brauchte er dich nicht. Und jetzt hängst du den ganzen Tag auf seinem Sofa rum und willst ihn puscheln. Das nervt! Wenn du ein Defizit an Nähe und Wärme verspürst, halte dich doch bitte an deine eigene Art.

Und das traurigste Kapitel: dein Aquarium. Als du noch im Berufsleben warst, hast du den Unterwasserzoo nur alle paar Wochen eines Blickes gewürdigt. Jetzt starrst du – den Blick immer irgendwo zwischen Verzweiflung und Nirwana – den ganzen Tag über in das begrenzte Biotop zwischen den Glasscheiben, und deine beflossten Haustiere bekommen

Big-Brother-Gefühle. Und hast du sie heute schon gefüttert? Du weißt es nicht mehr so genau, also sicherheitshalber nochmal ein bisschen … Keine vier Wochen, und jedes einzelne Fischlein im Becken ist schwer übergewichtig.

Du hast überhaupt keine Haustiere, erwägst aber, welche anzuschaffen, damit dein Leben einen neuen Sinn bekommt? Dann solltest du Folgendes bedenken …

Die neuen Haustierchen

Die Idee ist naheliegend: Wenn dir in deiner Umgebung die Menschen ausgehen, kannst du auf ganz andere Art und Weise für mehr Leben in deiner Bude sorgen – du schaffst dir ein Haustier an oder gleich mehrere. In deinem bisherigen Leben hast du dein Revier noch nie mit anderen Säuge- oder sonstigen Tieren geteilt, außer mit Menschen. Das hat ein gewisses Defizit an Erfahrung zur Folge, welches wir hier vielleicht ein wenig ausgleichen sollten.

Mach dir klar, dass jede neue Art von Lebewesen in deinem Haushalt nicht nur Freude bringt, sondern dich mit ganz neuen Aufgaben und Belastungen konfrontiert. Mal knapp zusammengefasst:

- Hunde müssen bei jedem Wetter raus (auch nachts!), kacken dem Nachbarn auf die Wiese oder beißen den Postboten. Du kannst auch Welpen nicht allein zu Hause lassen, weil die Jungtiere entweder deine Wohnungseinrichtung in ein 13 000-Teile-Puzzle verwandeln oder die ganze Nachbarschaft und den Tierschutzverein mit ihrem Geheul oder Gekläffe zu Hilfe rufen, wenn Herrchen und Frauchen mal ein paar Minuten nicht da sind. Manche Exemplare behalten dieses Verhalten auch im erwachsenen Alter bei.

- Junge Hunde (besonders solche größerer Rassen) und alte Menschen sind nicht unbedingt kompatibel, es sei denn, du liebst es, täglich mehr oder weniger hilflos an einer Leine durch deine Heimatstadt gezerrt zu werden.

- Die Anzahl der Urlaubsländer, in die du reisen kannst, reduziert sich drastisch, da du Waldi nach Ankunft oftmals in Quarantäne schicken müsstest. Am Strand bist du nur in bestimmten Bereichen willkommen, z. B. am Köttel Beach oder in der Dog Shit Bay.

- Rüden müssen kastriert werden (eine unangenehme Vorstellung für Männer) oder erfreuen dich und alle Menschen in deiner Umgebung mit blutigen Hundekämpfen. Ohne Kastration fällt dein niedlicher Mops-Macho in maßloser Selbstüberschätzung auch Doggen und Riesenschnauzer in Dinosaurierdimension an. Nicht nur in dieser Situation stehen dir horrende Tierarztrechnungen ins Haus.

- Nicht geringer sind die Belastungen und Kosten bei Katzen. Sie sind immerhin so autark, dass sie auch einmal

24 Stunden ohne dich aushalten, richten aber bei der Gelegenheit oftmals äußerst perfide Verwüstungen in der Wohnung an. In dieser Hinsicht sind sie weitaus kreativer als Hunde. Sie machen aus deinem alten Mahagonischrank einen Kratzbaum und markieren – wenn dein Kater nicht kastriert ist – ihr Revier mit extrem aggressivem Katzenurin. Außerdem bedecken Katzen die ganze Wohnung mit einer dünnen, aber hochallergenen Schicht aus feinstem Katzenhaar. Wenn sie Freigänger sind und durch die Katzenklappe nach draußen dürfen, bedanken sie sich bei dir mit Geschenken auf der Fußmatte, vorgekauten Mäusen und niedlichen Singvögeln, denen sie das Licht ausgeknipst haben.

- Weibliche Katzen kriegen unentwegt Junge. Wenn du nicht dafür sorgst, dass der Tierarzt diesem Automatismus einen Riegel vorschiebt, bist du bei jedem Wurf zwei bis drei Monate damit beschäftigt, die Jungtiere an ahnungslose Menschen weiterzuvermitteln.

Hunde und Katzen sind dir zu groß? Kleine Säugetiere hattest du doch vermutlich schon während deiner Elternkarriere im Haus. Warum willst du damit jetzt noch einmal anfangen?

- Ratten und Mäuse passen besser zu pubertierenden Mädchen als zu einem Rentner oder einer Rentnerin. Ähnliches gilt für Meerschweinchen, Chinchillas, Kaninchen und Degus.

- Minischweine werden nicht stubenrein geliefert – da wartet eine schöne Aufgabe auf dich. Außerdem wachsen sie mit der Zeit vom Format Mini zu einem ausgesprochen umfangreichen Rollbraten heran …

- Kanarienvögel, Wellensittiche oder Zebrafinken sind wegen der nicht artgerechten Haltung im Haushalt aus der Mode, Papageien teuer und nur schwer zu beschaffen (unter anderem wegen der Einfuhrbeschränkungen). Außerdem enttäuschen diese Vögel kommunikativ. Falls du gehofft hast, dich mit ihnen auch nur rudimentär unterhalten zu können: Sie sind doof und plappern selbst im alltäglichen Diskurs einfach nur alles nach.

- Schön unproblematisch ist eine Schildkröte. Sie frisst die Salatreste aus der Öko-Küche deines Partners/deiner Partnerin (oder gleich das ganze Gericht) und stellt sonst keine Ansprüche. Schildkröten müssen auch nicht bespaßt werden, sondern dämmern einfach so vor sich hin. Dabei können sie uralt werden – wie du ja auch, ihr könnt zusammen dämmern. Wenn man allerdings vergisst, sie zu füttern, beginnt irgendwann irgendetwas unter dem Sofa bestialisch zu stinken.

- Eine gute Variante sind Aquarienfische. Sie haben keinen direkten Zugang zu deiner Lebenswelt und schädigen dein Interieur nur dann, wenn das Aquarium platzt. Die Fische am Leben zu erhalten, ist allerdings keine ganz einfache Sache. Kaltwasserfischen wird es im Aquarium gern zu warm; tropische Warmwasserfische hingegen neigen zum Frösteln, deshalb muss ihr feuchtes Heim mit aufwendiger elektrischer Heiztechnik ausgestattet werden. Aquarienheizungen regeln sich zwar automatisch, produzieren aber im Laufe von einigen Monaten oder Jahren meist eine eklatante Fehlfunktion und aus deinem Aquarium wird Fischsuppe.

- Sehr unproblematische Mitbewohner sind mit KI (künstlicher Intelligenz) ausgestattete Haustiere, bei denen sich eine Artzuordnung eigentlich erübrigt. Sie fassen sich hübsch kuschelig an, sind mehr oder weniger sprachbegabt (Alexa oder Siri in der Pelzversion) und lassen sich nach den wechselnden Bedürfnissen des Rentners/der Rentnerin neu programmieren. Um Erfahrungen zu sammeln, könntest du mit der Roboter-Kuschelrobbe »Emma« oder dem Sony-Hund »AIBO ERS-7M3« zu 4798 Euro beginnen.

Nein, nein, lass dir deine Vorfreude auf einen kuscheligen Lebensgefährten nicht nehmen. Du wirst als neuer Besitzer oder neue Besitzerin eines Haustieres sicherlich viele überaus wertvolle Erfahrungen machen, die du ganz und gar nicht missen möchtest. Wenn dich die hier aufgelisteten Problempunkte allerdings doch abgeschreckt haben sollten: Versuch doch einmal eine Partnerschaftsvermittlung für Menschen …

Die Verwandtschaft und dein kommunikatives Defizit

Du hast keines? Warte mal eine Weile! Du wirst dich wundern, wie still es um dich herum werden kann. Waren nämlich gestern noch fünf Anrufe pro Stunde ganz normal, dazu drei SMS, vier WhatsApp-Nachrichten und vierzehn E-Mails, davon elf Spam, gibt es heute Tage, an denen du dir in deinem Wohnzimmer vorkommst wie ein Mönch oder eine Nonne in einem Schweigeorden. Apropos Nonne: Für Frauen existiert das Problem lange nicht so extrem wie für Männer, sind sie es doch gewohnt, ausschweifende Telefonate mit Mutter, Töchtern, zahlreichen Freundinnen, Kosmetikberaterinnen und den Damen vom Literaturkreis zu führen. Besonders Männer der älteren Generation kennen diese Gesprächskultur nicht. Ein typisches Männertelefonat in dieser sozialen Gruppe: »Ja ... Seit wann? Wie viele? Geht klar. Bis später!«

Was ist zu tun? Hol dir an Gedankenaustausch, was du brauchst – per Telefon, WhatsApp und live bei der Familienfeier.

Apropos Familienfeier und Gesprächsstoff: Was dir in der Vergangenheit die Firma lieferte, kann jetzt deine hoffentlich sozial äußerst aktive Verwandtschaft leisten. Worüber es sich lohnt zu reden? Mein Onkel Franz pflegte sich bei Familienfesten – zunächst sehr zum Entsetzen der übrigen Verwandten – eine Gabel ins Holzbein zu stechen. Inzwischen ist diese Vorführung zum festen Bestandteil jeder Feier geworden, und Onkel Franz geht die Angelegenheit recht professionell an. Er sitzt, umringt von der ganzen Sippe, auf einem Stuhl und tut es. Zur allgemeinen Freude benutzt er heute sogar Steakmesser oder Fonduegabeln. Die jeweils ruinierte Anzughose wird durch eine verwandtschaftliche Spendensammlung in seinem geräumigen Filzhut ersetzt. Gehässige Familienmitglieder neiden ihm seinen Erfolg und hoffen, dass er eines Tages die Beine verwechselt. *Flesh for Fantasy* – unterhaltsamer Inhalt für Männergruppe, Kaffeekränzchen, Stammtisch und ein paar Worte im Café an der Ecke. Der Verwandtschaft sei Dank.

Das endlose Wochenende

Dieses Kapitel ist ein besonderes, denn es hat eine eingeschränkte Zielgruppe. Während die übrigen Texte des Buches zumeist auch für Rentner und Rentnerinnen Gültigkeit besitzen, die einen Sieben- oder Acht-Stunden-Tag hinter sich gelassen haben, werden sich hier vor allem solche Pensionäre angesprochen fühlen, die frei über ihre Arbeitszeit entscheiden konnten. Sie sind es nämlich, die Probleme mit den Wochenenden und Feiertagen hatten und haben.

Die gesamte Berufswelt sehnt sich, man könnte sagen lechzt bereits am Montagmorgen nach dem kommenden Wochenende und der damit geschenkten Freizeit. Freiberufler empfinden das oft anders. Feiertag oder Wochenende, das bedeutet erzwungene Untätigkeit für Schriftsteller, Architekten, Grafiker und Künstler, weil all die anderen nicht arbeiten wollen. Unvollständige Zuarbeit, ungeklärte Probleme, verschobene Entscheidungen. Und darüber hinaus noch viel mehr.

Gut, ja, in südlichen Ländern sind Feiertage leicht wie die Luft an einem Frühlingsmorgen. Wer mag, faulenzt (was er auch an einem Werktag hemmungslos erledigen würde) oder arbeitet. Die Lebensmittelhändler öffnen ihre Geschäfte – oder auch nicht.

Deutsche Feiertage sind anders – staatlich verordnet und unumgänglich. Aggressiv wie Kloreiniger fressen sie sich in die sie umgebende Woche hinein. Schon Wochen, wenn nicht Monate vor dem jeweiligen Feiertag beginnt eine langsam schleichende und exponentiell zunehmende Erschlaffung, die nur noch vom Einkaufsrappel am letzten Werktag unterbrochen wird. Und die jeden oder jede, ob sie wollen oder nicht, zu ergreifen droht.

Es ist auch schwer, dieser Wochenend- bzw. Feiertagsatmosphäre zu entgehen, denn rätselhafterweise beginnen alle Freizeitparalytiker an diesem Tag wie die Geisteskranken einzukaufen, als stünde eine katastrophale Knappheit ins Haus. De facto dauert die Zeit ohne Lebensmittelnachschub meist ganze 48 Stunden. Wahrscheinlich ist es aber dieser Einkaufsrappel, der ganze Branchen überhaupt am Leben erhält. Nach diesem letzten Aktivitätsanfall folgen endlose Stunden zwanghaften und dumpf-dämmerigen Wohllebens, und das auch im Falle schwerster wirtschaftlicher Krise, die eigentlich zu kreischender Verzweiflung und zu augenblicklichen Aktivitätsausbrüchen führen müsste. Aber nichts geschieht, denn das Feiertags-Sedativum wirkt stärker als Morphium.

Diese Wochenendphobie und Feiertagsabneigung nehmen mit dem Alter zu, der ältere selbstständig arbeitende Mensch hat einfach viel zu viele Feiertage und Wochenenden erlebt, die ihn und seine beruflichen Aktivitäten immer wieder paralysiert haben. Auch Geburtstage mag mancher nicht mehr feiern, denn sie reihen sich ein in eine endlose Kette überflüssiger Festivitäten. Und man wird ohnehin jedes Mal älter.

Der Freizeitvirus hat das Jahr vollständig im Griff: Das bis weit in den Januar wuchernde Weihnachtsgeschwür wird abgelöst von massiver Oster-Agonie. Es folgt der ausgedehnte Pfingstverfall jeglicher Arbeitskraft, unterbrochen und zugespitzt von Fronleichnam und dem 1. Mai, der ironischerweise Tag der Arbeit genannt wird. Bald darauf folgen die Sommerferien, Urlaube, Auszeiten bis zum Sankt-Nimmerleins-Tag – schließlich und endlich wieder Weihnachten und Silvester.

Amerikaner kennen den *good time fool* – sein deutsches Gegenstück ist der Freitagsverlängerungsidiot oder Brückentagler. Der ist ausgesprochen konjunkturschädlich, denn in der Zeit vor oder nach einem Feiertag in Deutschland mit jemandem Geschäfte zu machen, ist so gut wie unmöglich. Nach den Feiertagen hält der Zustand der Erstarrung weitere Wochen an. Brückentage verlängern das Koma der

Untätigkeit, Ferienreisen führen zu dessen Vertiefung. Und das Verrückteste daran: Kein Mensch erholt sich. Alle sind so versessen aufs Nichtstun, dass es sie geradezu ausmergelt. Nicht umsonst werden die meisten Ehen im Urlaub ruiniert. Ebenso viele rafft in den ersten Urlaubstagen der Infarkt dahin. Und wenn es jemandem einmal gelingen sollte, außerhalb eines feiertagsverseuchten Zeitraumes Kontakt mit einem potenziellen Geschäftspartner aufzunehmen, so bricht dieser beim nächsten anstehenden Feiertag wieder ab.

Was dieses Lamento gegen freie Tage hier soll? Der Durchschnittsmensch spürt die lähmende Agonie meist nur in Form eines Anflugs, wenn die Feiertage wirklich allzu ausufernd nach seinem Leben greifen und massive Langeweile aufkommt. Die wenigen, die schon im Berufsleben immer Probleme mit den freien Tagen hatten, auf die wartet ein Horrorszenario, wenn sie sich aus dem Berufsleben zurückziehen: das endlose Wochenende. Der Dauerfeiertag. Eine sedierte Form des Höllenfeuers. Bitte versteht diese Menschen und habt Mitleid mit ihnen!

Die rasende Zeit

Da wäre noch ein Problem mit dem Kalender, über das du als junger oder auch erfahrener Rentner sicherlich schon einmal nachgedacht hast: *Tempus fugit*, sagt der Lateiner. Die Zeit flieht – oder besser: Sie rast … Für den Alltag wirkt sich das folgendermaßen aus:

Donnerstag? So spät schon? Wo ist denn die Woche hin? Irgendwann im Laufe deines Lebens, bevorzugt im letzten Drittel oder Viertel, wird dir auffallen, dass etwas mit deiner mentalen Zeiterfassung nicht stimmt. Ist meine innere Uhr kaputt, wirst du dich fragen, wenn du eines Tages verwundert feststellst, dass schon wieder eine Woche vergangen ist. Und seit deinem 55. Geburtstag sind schon wieder zehn Jahre vergangen – kaum zu glauben.

Ein junger Mensch kann sich überhaupt nicht vorstellen, wie fehlerhaft die Zeitwahrnehmung von älteren Menschen sein kann und wie erschreckend das Rasen der Zeit sich anfühlt.

Du sitzt auf dem Mountainbike deiner Existenz, hast gerade den Gipfel erklommen, bist stolz auf dich und deine athletische Leistung und willst deinen Sieg über Zeit und Raum genießen. Aber der Weg vor dir neigt sich, zuerst sanft und kaum erkennbar, dann aber deutlich steiler … Du wirst schneller und schneller, nein, du musst dich nicht anstrengen, das Tempo nimmt ganz von selbst zu, der Weg vor dir bekommt immer mehr Gefälle, wird abschüssiger, und jetzt stellst du auch noch fest, dass deine Bremse ohne Wirkung ist. *No way to slow down!* Es geht bergab mit dir …

Nun ja, die Fakten des Lebens.

Aber die beschleunigte Zeitwahrnehmung hat auch positive Seiten. Die Annahme, dass ältere Menschen geduldiger sind als junge, hat hier ihren Ausgangspunkt. Senioren sind nicht geduldiger – die Wartezeit vergeht für sie subjektiv schneller. Während der jungen Generation die Zeit im Straßenverkehrsamt endlos lang erscheint – drei Stunden! –, hat der Senior nicht das geringste Problem damit. Drei Stunden? Wusch, weg sind sie!

Wie werde ich damit fertig, dass alle Opi oder Omi zu mir sagen?

Gut, du bist jetzt in den oberen Etagen der Alterspyramide angekommen, aber muss man dir das immer und überall aufs Butterbrot schmieren? Und Opi oder Omi sind nicht irgendwelche belanglosen Kosenamen. Nicht auszumalen, was geschieht, wenn deine Tochter die Enkelin auffordert: »Gib Opi Küsschen!« Schmatz, klatscht es dir auf die Wange, feucht wie die Tropen, klebrig wie ein Dauerlutscher. Warum knutschen Kinder auf Kommando? Sind sie Knutschmaschinen? Schmuseroboter?

»Warte, ich helfe dir, Oma!« Das ist der Satz, den du hörst, kurz bevor dich die fleißigen Pfadfinder vom Fähnlein Fieselschweif auf die Straße und über den Zebrastreifen auf die andere Seite zerren, wohin du eigentlich gar nicht wolltest. Den alten Menschen muss man doch zur Seite stehen, sie können sich selbst und allein ja gar nicht mehr helfen! Bedanke dich, warte ein paar Minuten und bewege dich dann dorthin, wohin du eigentlich wolltest – zum Beispiel ins Fitnessstudio.

»Lass mich das mal machen, Oma!« Wehre dich entschieden gegen die Vorstellung, dass alle älteren Leute voll behindert sind und nichts mehr auf die Reihe kriegen. Wenn du es nicht tust, kostet es dich jedes Mal ein bisschen Selbstständigkeit und schickt dich in den Augen deiner jüngeren Mitmenschen ein weiteres Stück in Richtung Pflegefall.

»Was willst du denn, Opa?« Es gehört zu den Horrorsituationen jedes älteren Menschen, wenn sie so in der Straßenbahn angesprochen werden. Auch vor der weiblichen Variante »Was willst du denn, Oma?« schrecken Jugendliche im wirren Rausch ihrer Hormone nicht zurück. Wie kommt man da wieder raus, ohne in eine Schlägerei verwickelt zu werden? Hier ist die Diplomatie des erfahrenen Erwachsenen gefragt.

Sie wollen alle nur dein Bestes – dein Geld!

Zu deinem persönlichen Emotionskatalog kommt in diesem Lebensabschnitt nach und nach das Gefühl dazu, dass alle etwas von dir wollen, du weißt aber noch nicht genau, was eigentlich. Du denkst darüber nach, warum du so gefragt bist, und irgendwann kommst du drauf: Sind das möglicherweise Erbschleicher?

So viel ist doch auch nicht bei dir zu holen, einfacher Rentner, der du bist … Vielleicht sehen das die anderen völlig anders. Auf jeden Fall solltest du die Sache im Auge behalten, denn auch für dich gilt die irrational-reziproke Erbwert-Funktion:

Je älter du wirst und je mehr deine Gesundheit nachlässt, desto interessanter wirst du für deine Erben.

Vielleicht war es der Übergang in den Rentner-Status, der wie ein Startschuss gewirkt hat: Ein bisschen Erbschleichen gehört von nun an dazu. Durchdenken wir die Möglichkeiten einmal in einer Fallstudie für einen recht wohlhabenden Rentner – wenn du nur die Mindestrente beziehst, solltest du das Kapitel aufgrund der hohen Frustrationsgefahr überspringen.

Also los: Du bist der recht wohlhabende Rentner Michael X. Bisher hielt sich das Interesse an deiner Person in Grenzen. Enkelin Sofia, 18, immer voll im Trend, modisch, ideologisch und Lifestyle-mäßig, meint, du solltest dich mal bei Greenpeace bewerben, als aussterbende Art. Und dein Sohn Helmut sitzt lieber mit seinen Freunden in der Kneipe, statt mit einem alten Mann Schach zu spielen. Tochter Inge sieht immer einen ästhetischen Konflikt zwischen ihrer *Schöner-Wohnen*-Einrichtung und deinen Jogginghosen auf Halbmast. Was sollen ihre Freundinnen denken?

Neuerdings finden dich alle supernett. Lächeln wie Breitmaulfrösche, wenn sie dich sehen. Tragen dir die Pantoffeln nach. Küsschen hier, Küsschen da und die aberwitzigsten Geschenke. Doppelherz und Tartarenlikör und Videos mit

Heino und Marianne Rosenberg. Obwohl du erklärtermaßen auf Jimi Hendrix stehst.

Woher die plötzliche Zuneigung kommt? Du hattest was vergessen beim letzten Familientreffen. Deinen Rentenbescheid nämlich, auf der Ablage neben dem Telefon, und schlimmer noch, deine Kontoauszüge. Nicht, dass deine Familienmitglieder noch niemals Kontoauszüge gesehen hätten. Nur – ihre eigenen fanden sie lange nicht so erbaulich wie deine. Schwarze Zahlen wirken irgendwie freundlicher als rote, besonders dann, wenn sie sechsstellig sind. Und die erste Zahl keine Eins ist und auch keine Zwei und auch keine Drei und so weiter. Richtig leuchtende Augen haben sie plötzlich alle bekommen.

Jetzt kriegen sie alle dieses wohlige Erben-Gefühl, wenn sie dich sehen. Nein, nicht dass sie dich unter die Erde wünschten – bewahre! Aber irgendwann in nicht allzu ferner Zukunft wirst du sicherlich von ihnen gehen wollen, ganz von dir aus und nachdem du deinen Ruhestand voll ausgekostet hast. Das ist der natürliche Gang der Dinge. Und dann stehen sie alle ganz selbstverständlich zur Verfügung – zunächst als Trauergemeinde und dann als Erben. Du gefällst ihnen jetzt viel besser als vorher. Richtig knuddelig findet dich Enkelin Sofia. Und deine Tochter Inge hält dich plötzlich für einen stattlichen alten Herrn – obwohl du die Kontrolle über dein Leben verloren hast, wie Herr Lagerfeld meinte. Schon peinlich, wie sie dich alle hofieren.

Und irgendwann, findest du, ist Schluss mit lustig. Du

machst dir deine eigenen Strategien zur Erbschaftsregelung. Von Verprassen bis Spenden durchdenkst du deine Möglichkeiten und probierst die eine oder andere aus.

Zuerst das Verprassen. Versaufen? Da macht die Leber nicht mit. Definitiv nicht. Schon der erste Versuch überzeugt. Dieser Brummschädel – das ist kein Vergnügen. Außerdem sind kaum mehr als 600 Euro weg – trotz Rotkäppchen-Sekt mit drei Bardamen in der »Wunderbar«.

Leichte Mädchen? Da stehst du mehr auf deine Generation, und die sind – genau wie du – schon alle in Rente. Außerdem denkst du altmodisch. Sex ohne Liebe? Nur im Notfall. Ist das jetzt ein Notfall? Du rufst im stadtbekannten Etablissement an, fragst nach einem Termin für den kommenden Tag. »Moment, Süßer, da muss ich erst dem Manni fragen, wem noch frei is!« Bei falscher Grammatik wirst du schlagartig impotent. Du legst auf.

Neue Klamotten, heiße Autos? Du schleichst kaufbereit durch die Stadt, die EC-Karte schussbereit im Achselholster. Irre Geschäfte, edel aufgemacht. Leider wird dir jedes Mal schlecht, wenn du die Preisschilder an den Klamotten siehst. Armani? Boss? Und schon wieder dieser Lagerfeld! Sakkos für'n Tausender? Anzüge für drei Mille? Ich bin ja nicht gaga, denkst du. Abgehakt. Dann lieber ein angemessenes Fahrzeug. Ein neues Auto kommt ohnehin nicht infrage. Du kaufst ein absolut irres E-Bike. 4000 Euro in der Anschaffung – aber keine laufenden Kosten. So funktioniert das mit dem Verprassen nicht.

Spenden? Der Tierschutzverein lag dir nie so recht am Herzen, und bei den armen Kindern in Afrika aus der Fernsehwerbung kommt das Geld ohnehin nicht an. Die Armen hier bei uns unterstützen? Das hast du immer schon gemacht – die ganze Verwandtschaft wäre ohne dich längst pleite.

Nicht alles an die Familie, sondern auch etwas an die Freunde vererben! Da wäre zum Beispiel Marlies Dankwart, eine gute alte Freundin. Du kennst sie seit … ach, das weißt du schon gar nicht mehr. Aber Marlies ist neulich nach dem Kegelabend mit Benno Zülch abgezogen. Friedhelm Günnes? Er war mal dein bester Freund, bis er letzte Woche beim Poker behauptet hat, du hättest eine Karte von unten gezogen und überhaupt sei Falschspiel dein zweiter Name …

Jetzt hast du die Erblasserkrise. Keine geeigneten Erben in Sicht außer der geldgierigen Verwandtschaft. Soll diese scheinheilige Bande dein ganzes Geld bekommen?

Letztlich ja. Und so übel sind sie eigentlich nicht. Aber vorher müssen sie noch so einiges für dich tun. Ein bisschen Erbschleichen gehört dazu. Und eine gute Portion Bauchpinseln!

Besser kleiner? Deine Wohnung

Das Wohnen kann für Senioren auf die eine oder andere Weise ein Problem sein, wenn sie in einer Mietwohnung leben. Ein recht häufiger Fall: Rentner leben über ihre Verhältnisse. Die Einkünfte im Berufsleben sind höher, mit einer Rente von 60 Prozent (Tendenz: abnehmend) kann man möglicherweise die letzte Wohnung auf lange Sicht nicht mehr bezahlen. Vielleicht zehrt die Miete sogar an den Ersparnissen. Verkleinerung ist angesagt.

Aber wie in Zeiten, in denen es eines der größten Probleme ist, bezahlbaren Wohnraum zu finden?

Du könntest zum Beispiel die Verkleinerung auf die Spitze treiben und dir ein Tiny House kaufen – das Paradies auf 12 Quadratmetern. Tiny-Häuser gibt es erstaunlicherweise immer wieder recht günstig gebraucht. Wenn du dann eines gekauft hast und versucht hast einzuziehen, weißt du auch warum. 65 Prozent deines Lebens stehen jetzt auf der Straße, der Rest ist irgendwo in deinem Wohnküchenschlafklosett eingequetscht. Sind zwei Tiny-Häuser eine Lösung? Witzigerweise kannst du dich dann selbst besuchen. All diese Planungen scheitern übrigens meist daran, dass es keine Grundstücke gibt. Und auf dem Campingplatz willst du nicht wirklich leben.

Möglicherweise entscheidest du dich jetzt, doch eine konventionelle Wohnung zu mieten. Das Problem besteht darin, eine neue Behausung überhaupt zu finden. Wochen-, wenn nicht monatelang bist du unterwegs und besichtigst, verhandelst, hängst in Warteschleifen und versuchst, ohne einen

Makler auszukommen. Hast du etwas gefunden, so ist die Wohnung meist a) ganz anders, als du es dir gewünscht hattest, und b) auch noch deutlich teurer, als sie sein sollte, und c) an einem ganz anderen Ort.

Aber schließlich entscheidest du dich – jetzt kommt die Verkleinerung in die gegenständliche Phase. Womit auch das nächste Problem in der Welt wäre: Verkleinerung hört sich klein und niedlich an, ist aber ein ausgesprochen großer Job. Wer zuvor auf 180 Quadratmetern mit der Familie gelebt hat, schleppt ein Paket von der Größe eines durchschnittlichen Mittelgebirges an materiellen Werten mit sich herum, die auf keine Weise in einer 70-Quadratmeter-Wohnung unterzubringen sind, wenn auch noch zwei erwachsene Menschen darin wohnen sollen. Was soll man mit all den überzähligen Gegenständen tun? Verschenken? Verkaufen? Zur Müllkippe bringen?

Vielleicht stellst du fest, dass du im Besitz von drei Fernsehern bist – Wohnraum, Küche, Schlafzimmer –, und, ach ja, da gibt es ja auch noch Nummer 4 aus dem Gästezimmer. Dann die Küche. Küchen passen grundsätzlich nicht von einer Wohnung in die andere. Wenn doch, dann kostet a) der Umbau ein Vermögen und die Küche ist b) anschließend vollständig ruiniert. Die viel zu große Sofagarnitur und jede Menge Kleinmöbel. Sperrmüll? Garagenflohmarkt? Dutzende schlecht gelaunte Gebrauchtmöbelhändler laufen durch deine Wohnung und ärgern sich, dass keine völlig unterbewerteten Antiquitäten zu verschenken sind. Alle haben schlechte Laune, du auch.

Ist endlich alles drin und man selbst eingezogen, folgt das nächste Problem: In den ersten zwei, drei Wochen findet man nichts wieder. Die Speicherdaten für Alltagsgegenstände in deinem Gehirn stammen noch aus der alten Wohnung oder dem alten Haus, dort, wo man sucht, finden sich ganz andere Dinge, oder den Aufbewahrungsort gibt es überhaupt nicht.

Wohl dem, der Eigentum besitzt. Mieten steigen erheblich schneller als Renten, der Wert eines Hauses kann aber mühelos mit der Entwicklung der finanziellen Verhältnisse mithalten. Das Eigentum, nämlich das der Familie, ist trotzdem zu groß? Dann wird es vermietet und finanziert so die kleinere, aber durchaus luxuriöse Wohnung für einen Rentner oder ein Rentnerpaar. Ein Glück, dass du damals den Bausparvertrag abgeschlossen hast, obwohl du ihn eigentlich ziemlich spießig fandest.

Wenn schon Veränderung, dann ... kollektives Wohnen?

Wenn es schon um Veränderungen beim Wohnen geht – warum nicht auch um grundlegende Veränderungen? Hatten du und dein Partner/deine Partnerin nicht immer irgendwo den Traum von einem kollektiven/alternativen

Wohnmodell? Leben auf dem Land mit Selbstversorgung im Mehrgenerationenhaus? Alt und Jung zusammen? Jetzt hast du die Möglichkeit, du musst nicht mehr dort wohnen, wo du arbeitest, du kannst dir – im Rahmen deiner Möglichkeiten – aussuchen, wie, wo und mit wem du wohnen möchtest.

Alles hat seine Vor- und Nachteile: Wenn du weiter wie gehabt mit deinem Partner oder allein wohnst, bleibt alles, wie es ist. 100 Prozent Sicherheit, in manchen Fällen aber auch 100 Prozent Langeweile. Bei Wohnprojekten mit der jüngeren Generation hast du den Vorteil, dass du in manchen Situationen Hilfe erwarten kannst. Dafür wirst du aber auch gnadenlos als Kinder-Oma/Kinder-Opa ausgebeutet und musst für alle im Haus die Pakete entgegennehmen. Darüber hinaus soll es auch Fälle gegeben haben, in denen die Jüngeren die Alten als Kummerkasten benutzt haben.

Die Alten-Wohngemeinschaft ist dann von Vorteil, wenn man sich a) finanziell oder b) über die (noch) vorhandenen alltäglichen Möglichkeiten ergänzt. Der eine ist fit im Kopf, der andere kann noch den Einkauf schleppen oder den Sperrmüll ausstellen.

Einen Vorteil haben alle kollektiven Wohnformen: Zusammen ist man nicht so allein.

Was mache ich nur mit dem vielen Geld von der Lebensversicherung?

Von den Zinsen leben, das war vorgestern. Die Rente aufstocken? Das war gestern. Heute zahlst du Strafzinsen. Also Immobilien kaufen, eine Eigentumswohnung zum Beispiel? Glücklich, wer eine zu einem erschwinglichen Preis erwischt! Die Preise steigen schneller, als man »Alterssicherung« sagen kann. Hättest du vor ein paar Jahrzehnten nur mal »Bausparvertrag« gesagt.

Aber warum eigentlich immer so seriös, geradezu spießbürgerlich? Du könntest dir ja auch einen Sportwagen kaufen. Gut, hier gibt es das eine oder andere abschreckende Beispiel: einen Nachbarn, nennen wir ihn Herrn Reese. Reihenhausbesitzer, drei erwachsene Kinder, ehemals mittlerer Angestellter, graue Haare, grauer Anzug, graues Gesicht, wollte es noch einmal wissen. Porsche 911 Carrera S. Herr Reese konnte ihn sich jetzt endlich leisten, war aber wohl nicht mehr so recht in der Lage, das giftige Geschoss zu kontrollieren. Außerdem brauchte er einen Schuhanzieher, um einzusteigen. Als er sich an das Fahrzeug gewöhnt hatte, war plötzlich der Führerschein weg. Man merkt ja gar nicht, wie schnell man ist in so einem Ding! Nun muss seine Frau das Geld ausgeben.

Allerdings gibt es da ein entscheidendes Problem: Frauen dieser Generation haben riesige Probleme damit, Geld auszugeben. Vielleicht reicht ihre minimale Verschwendungssucht noch für eine etwas teurere Kosmetikmarke – Qui! statt Ja! –, aber schon bei dem Gedanken, sich ein Oberteil zu kaufen, das teurer als 20 Euro ist, wird ein Besuch beim Friseur notwendig, weil sich der betroffenen Dame die Nackenhaare aufstellen. »Das kann ich doch nicht machen!« Haute Couture kommt der Rentnerin aus der Mittelschicht nicht in die Einkaufstüte. Möglicherweise kommt es zu einer textilen Übertragung – so würde vielleicht der Konsumpsychologe diesen Vorgang bezeichnen. Sie verschiebt ihre Wünsche, Affekte, Erwartungen und Rollenerwartungen, den modischen Ausdruck des neuen Reichtums betreffend, unbewusst auf ihren Lebensgefährten. Der allerdings wird sich bedanken, wenn sie beginnt, ihn modisch massiv zu beraten und von einer teuren Herrenboutique in die nächste zu schleifen.

Vielleicht rettet ihn aber auch ihre Schwäche für Schmuck – Gold behält ja seinen Wert und legt vielleicht noch etwas zu. In einem ersten Impuls – wir haben's ja! – bereichert sie den Juwelier um ein paar Tausender. Aber so richtig Spaß hat sie nicht an den Klunkern. Nein, sie fremdelt mit den teuren Teilen, hat Angst, dass sie ihr vom Hals weggestohlen werden oder sie ihre teuer erworbenen Preziosen verliert. Spätestens nach dem ersten größeren Familienfest trägt sie die teuren Ringe, Broschen oder Halsketten nicht mehr, weil die ganze Verwandtschaft hinter vorgehaltener Hand getuschelt hat und man besonders Tante Hilda an der Nase ablesen konnte, wie neidisch sie war. Nein, als Weihnachtsbaum in vollem

Schmuck kommt sich unsere Seniorin irgendwie anstößig vor. Also landet der wertvolle Schmuck im Safe zu Hause oder bei der Bank, und er macht ihr genauso viel Spaß wie die Zahlen auf dem Kontoauszug, nämlich keinen.

Das Ergebnis der Überlegungen zum Thema neuer materieller Wohlstand: nicht beeilen, sondern langsam in die neue Situation mit den schwarzen Zahlen auf dem Konto hineinwachsen. Und du musst ja auch nicht alles für dich selbst ausgeben. Wie gesagt, Kinder und Enkel warten schon.

Mach's öffentlich!

Ob deine Rente nun gerade einmal den Lebensunterhalt deckt oder du ganz zufrieden damit bist, was dir die Finanzverwaltung jeden Monat aufs Konto schiebt – eines hast du jetzt genug, wenn nicht Geld, dann Zeit. Mancher Rentner denkt: zu viel Zeit. Du kannst den Überschuss auf deinem Zeitkonto natürlich zu Hause auf dem Sofa absitzen, unterstützt von atemberaubenden Fernsehprogrammen. Du könntest dein Vermögen an Zeit aber auch mit deinen Mitmenschen teilen, es sozusagen an sie verteilen und deinen Reichtum in das öffentliche Leben investieren. Es gibt mehrere Wege, die zu diesem Ziel führen:

Du bist ein Liebhaber von Zeit-Stress? Tritt einer politischen Partei bei. Engagiere dich heftig und sorge dafür, dass du in vielen Gremien und Ausschüssen sitzt und nach einem Wahlkampf sofort wieder in den nächsten verwickelt wirst. Dann könnte deine Zeit sogar knapp werden. Der Demokratie wird es guttun.

Gründe selbst eine Partei! Deine Generation ist eine gesuchte Wählergruppe, die alle Altparteien umwerben, aber du verstehst deinesgleichen besser. Warum solltest du nicht aktiv werden und den Markt der Angebote noch etwas bereichern? Nein, die Grauen Panther gibt es schon, die Grauen Wölfe auch, aber das Schema, nach dem Parteinamen gestrickt werden, könntest du übernehmen: Rote Füchse? Blaue Bullen? Blassgrüne Wasserschweine? Der Name muss überlegt sein, eine Partei gründet man nicht mal ebenso mit Links, auch wenn es eine eher rechte Partei wird, das erfordert viel Überlegung und macht jede Menge Arbeit! Allein die Anträge, die du ausfüllen musst, um zur Kommunalwahl zugelassen zu werden. Und die Unterschriftensammlungen und die Mitgliederbefragungen, wenn du erst einmal welche machst. Allerdings musst du auch mit Rückschlägen rechnen. Wenn du deine Sache nicht gut machst, deine Umfragewerte immer weiter in den Keller sinken oder du bei Wahlen sogar verlierst, wirst du aus deiner eigenen Partei geworfen – gnadenlos!

Tritt einer Bürgerbewegung bei oder initiiere selbst eine! Sorge dafür, dass der Ernst-Emil-Pinkelmann-Brunnen auf dem Marktplatz umfassend renoviert wird. Kämpfe für mehr Kreisverkehre und gegen zu viele Windkraftquirle in deinem Dorf! Gerade im Verkehrswesen und in Sachen

Energie gibt es viel zu tun. Verhindere den Abriss deiner Stammkneipe – obwohl da eigentlich bisher keiner dran gedacht hat. Oder mach etwas mit den »Weg mit …«-Bannern von der Wackersdorf-Demo am 16. Februar 1985, die du kürzlich auf dem Dachboden gefunden hast. Du erinnerst dich? Mit rund 35 000 Genossen bei eisigen Temperaturen auf dem Schwandorfer Marktplatz! Das waren noch Zeiten – lass sie wiederaufleben!

Politisches liegt dir nicht so? Versuch dich als Sektengründer! Stell dich mit einem Schild »Es wird böse enden!« oder »Der Erlöser ist nah!« (vermutlich steht er im Stau) auf den Bahnhofsvorplatz, segne oder taufe jeden Passanten, der vorbeikommt, mit Coca-Cola und verkaufe Ablassbriefe, das Stück zu 20 Euro.

Tritt einem Verein bei, zum Beispiel dem Sauerländischen Gebirgsverein, auch wenn das Sauerland ganz und gar nicht in deiner Nähe ist. Oder gründe mit deinen Freunden in der Kneipe eine neue Gemeinschaft – wie wäre es mit dem Bierschutzverein?

So oder so, die Öffentlichkeit wartet auf dich – möglicherweise …

Warum hört denn bloß keiner auf die Oldies?

Ist es ein Albtraum? Während in deinen ganz großen Zeiten die Menschen förmlich an deinen Lippen hingen und dein Wort etwas galt, bist du jetzt in der für dich ungewöhnlichen Position, dass kein Mensch mehr auf dich hört. Lebenserfahrung ist nicht gefragt, und manchmal, wenn du versuchst, an einem Gespräch zu einem brisanten Thema teilzunehmen, hast du den Eindruck, dass du gar nicht wahrgenommen wirst. Du redest und redest, aber niemand nimmt zur Kenntnis, was du gesagt hast. Du befürchtest schon fast, dass du dich in einem schlechten Traum befindest und langsam, aber sicher zu einem Schatten werden könntest – vielleicht wirst du in der nächsten Phase auch noch unsichtbar?

Es sind ziemlich komplexe Zusammenhänge, die zu diesem Effekt führen. Offenbar glauben deine – jüngeren – Mitmenschen, dass es ihre Worte sind, die jetzt Geltung besitzen, und dass ihr, der schon fast senile Opa, die bemitleidenswerte Oma, nicht auch noch etwas sagen müsst.

Zwar war es in den letzten Jahrzehnten zumindest noch in der Politik so, dass Großvater- und Großmuttertypen für klug und lebenserfahren gehalten wurden, man hörte auf grauhaarige FDP-Damen und gestandene alte weiße Männer aus der CDU und FDP, aber das ist mittlerweile auch vorbei. Gelebte Weisheit ist nicht mehr gefragt, wie Erfahrung überhaupt für überflüssig gehalten wird. Kreißsaal – Hörsaal – Parlamentssaal: Das ist der Standardweg geworden. Abbruch statt Examen, Windbeutel ersetzt Vollkornbrot – im übertragenen Sinne.

Aber wir sind vom Thema abgekommen. Auch privat wirst du feststellen, dass dein Wort als Rentner/als Rentnerin nicht mehr so gefragt ist. Modetipps für Töchter und Enkelinnen von der Großmutter? Auch wenn sie bis zu ihrem Renteneintritt in einer Modeboutique gearbeitet hat – jetzt ist alles total out, was sie vorschlägt. Männliche Rentner haben es noch schwerer, weil es zu den Eigenschaften dieses Geschlechts gehört, dass sie überall ihren Senf dazugeben müssen. Nur: Den will jetzt keiner mehr, Jalapeños sind gefragt.

Du solltest dir darüber klar werden, dass du dich im Rennen mit dem Zeitgeist befindest, ein Wettbewerb, den du schon aus biologischen Gründen nicht gewinnen kannst. Darüber kannst du klagen (der Zeitgeist bedauert dich: mimimi!) oder aber vom Athleten zum Zuschauer konvertieren und dir mit viel Vergnügen anschauen, wie sich die anderen abhetzen und alle Fehler, die du gemacht hast, noch einmal machen müssen – die Vollpfosten!

Zum Beispiel, wenn es um Finanzgeschäfte geht: Warum sollte ein Vertreter der jungen Generation auf einen älteren

Herrn hören, wenn es um den Kauf von Aktien geht. Die Zeit der Finanzgurus ist vorbei.

Objektiv betrachtet (also aus deiner Perspektive) bist du die Kompetenz in Person. Diese zufriedene Gelassenheit, diese klarsichtige Überlegenheit hast du dir in einem langen Leben erworben. Alles ist transparent, Antriebe und Motivationen deiner Mitmenschen sind für dich offensichtlich, du hast Vergleichswerte gesammelt und Menschen und ihre Charaktere kennengelernt. Außerdem kennst du die Börse und ihre Gepflogenheiten bis in den letzten Winkel. Und eines ist immer sicher: Du schwebst wie der Geist über den Wassern. Glaubst du zumindest, doch leider bist du mit diesem Glauben allein.

Finanzieller Rat unerwünscht

Besonders in Situationen wie dieser wirst du bemerken, wie wenig dein – in diesem Falle väterlicher – Rat gefragt ist: Dein Sohn Matthias will vom legendären Erfolg des ligeriabischen Alawattu-Konzerns profitieren, von dem man jetzt überall hört, und in einer gewagten Transaktion sein ganzes Vermögen riskieren. Ein Warentermingeschäft mit Naturprodukten. Du rätst ab. »Eine Firma, die 100 Prozent Dividende in vier Wochen anbietet, kann nicht solide sein!«

Dir stehen die Haare zu Berge, nachdem du den Vertrag überflogen hast, den sie ihm zugeschickt haben. »Der Firmenzweck: In- und Export ligeriabischer Yak-Wolle. Braucht ja heutzutage jeder …«

»Mensch, Papa, nun sei doch nicht so negativ! Naturnahe Materialien sind zurzeit der Renner in der Szene! Und was kann ich denn schon verlieren? Und du als pensionierter Gruftie kennst den Markt ohnehin nicht mehr so richtig.«

Dein Sohn Matthias ist sichtlich erregt, kippt sich ein Glas Tequila in einem Zug hinter die Binde. »Wenn es schiefgeht, krieg ich sogar den spekulativen Anteil meiner Einlage zurück. So steht es im Vertrag. Und wenn es gut geht, verdoppel ich meinen Einsatz in vier Wochen!«

Du bist angeätzt, weil er an deiner Kompetenz zweifelt. »Warum machst du nicht was Solides mit deinem Geld und gehst ins Casino, Junge?«, lautet dein Rat. »Du setzt die ganzen 40 000 Euro auf Noir und hast eine reelle Chance – 1 : 1. Frisch gewagt ist halb verloren!«

»Ach, hör doch auf mit deinen Altersweisheiten!« Jetzt ist dein Sohn richtig sauer. »Du tust gerade so, als ob ich mein Geld verzocke!«

»Nicht? Oh, entschuldige, ich habe wohl was übersehen!« Du blätterst noch einmal prüfend durch den Vertrag. »Das ist ja ein richtiges amtliches Dokument! Mit Unterschriften und Amtsstempeln – schön bunt übrigens –, und sogar der Gerichtsstand ist angegeben … Grischnivultu … Wo liegt denn das eigentlich?«

»Tut das was zur Sache?«

»Ach, nur am Rande!« Du versuchst, gelassen zu bleiben. »Wenn es eine juristische Meinungsverschiedenheit gibt, reist du zum klärenden Prozess einfach nach Grischnivultu … ich meine, wenn du herausfindest, wo das liegt!«

»Alter, dir fehlt jeder Sinn für das Risiko! Du siehst immer nur die Schattenseiten!«, empört sich Sohn Matthias. »Gut, Ligeria liegt nicht gerade vor der Haustür. Aber schließlich sind alle Partner angesehene ligeriabische Bürger!«

»Genau! Der Honorarkonsul von Abgraifistan, der Botschafter von Egungun Pleti, der Obermufti von Konkursia und … du, den hier kann ich nicht lesen, aber in seinem Dienstsiegel ist eine Krone … König Kalle Wirsch?«

»Nun sei doch nicht so fremdenfeindlich! Die Welt von heute ist ein Dorf! Und du bist dabei, dich zum Dorftrottel zu machen!«

Damit endet das Vater-Sohn-Gespräch – für beide Seiten nicht sonderlich befriedigend. Fünf Wochen gehen ins Land, nachdem der Reichtum deines Sohnes sich in digitale Signale verwandelt und als Überweisung zunächst in helvetischen, dann aber in ligeriabischen Weiten verschwindet. Schon nach vier Wochen sollte das Guthaben eigentlich wieder auf dem Konto erscheinen – plus Vermögenszuwachs.

»Da kann es schon mal Verzögerungen geben!«, tröstet sich Matthias. »Vielleicht ist in Ligeria der Computer der Zentralbank ausgefallen …«

»Schon möglich«, stimmst du ihm zu. »Vermutlich ein C64 der ersten Generation. Da kommt so etwas schon mal vor. Oder der Finanzrat der Sieben Stämme hat die Transaktion nicht genehmigt!«

»Schon möglich!«, meint Matthias geistesabwesend und gedankenversunken. Er vergisst sogar, dich zu beschimpfen. Du stichelst ein wenig, damit wieder Schwung in die Sache kommt.

»Vielleicht solltest du etwas Bakschisch hinterhersenden! Ein paar Tausender hier, ein paar dort … Bestechung ist in diesen Ländern ja eine Art folkloristischer Brauch! Gut geschmiert ist halb gewonnen.«

Dein kostenloser Finanztipp kommt nicht sonderlich gut an.

»Musst du auch noch Salz in die Wunde streuen?« Matthias ist richtig schlecht gelaunt. Er tut dir fast schon leid.

»Nimm es nicht so hart, mein Sohn! Man wächst an den Verlusten«, versuchst du ihn mental zu stützen. »Erfolge machen dumm, Niederlagen stärken!«

Nach weiteren vier Wochen beendet eine Überweisung der Staatsbank von Ligeria die Hängepartie. Ist das tatsächlich der versprochene Profit? Du setzt die Lesebrille auf und entzifferst vom Bildschirm: »12,80 Euro – Rücküberweisung der vertragsgemäßen Einlage abzüglich einer angemessenen Bearbeitungsgebühr ...« Dein Gesicht nimmt den Ausdruck von Hochachtung an. »Ich muss zugeben, Junge: Damit habe ich nicht gerechnet. Für so solide habe ich die Firma nicht gehalten! Mein Glückwunsch!«

Matthias ist geknickt, sein Konto zeigt viel zu wenige Nullen vor dem Komma – eigentlich keine.

»Langsam mache ich mir Sorgen«, sinniert er jetzt. »Sollte das Ganze ein einziges ausgemachtes Betrugsmanöver gewesen sein?«

»Mensch, Junge! Wie klarsichtig! Da wäre ich nie draufgekommen!«

Ein paar Tage gehen ins Land, Matthias hat an der bitteren Pille zu schlucken, doch dann regt sich wieder etwas Leben in ihm – schließlich ist er dein Sohn. Du siehst, dass ihm etwas durch den Kopf geht; allerdings zeigt er einen verschmitzten Gesichtsausdruck, der dir nicht sonderlich gut gefällt.

»Sag mal, Daddy, kannst du dich noch erinnern, woher du deine Erfahrungen in Finanzdingen hast?«

Du zuckst innerlich zusammen, ein unangenehmes Thema. »Äh, nein, nicht so genau … Ich nehme an aus allgemeiner Erkenntnis oder …« Doch du ahnst schon, worauf er hinauswill.

»War da nicht etwas in den Achtzigerjahren, diese Bankneugründung mit dem grünen Image, an der du beteiligt warst? Mutter hat mir da was erzählt …«

»Ach so … was denn?« Du fühlst dich irgendwie ertappt. »Na ja, die jungen Jahre, man sammelt Kenntnisse, macht Fehler – in begrenztem Umfang, versteht sich …«

»Der Müsli-Crash!«, freut sich Matthias, den richtigen Begriff gefunden zu haben. »Damals hast du doch mindestens … wenn nicht insgesamt …«

Blenden wir uns hier aus, denn jetzt könnte es intim familiär und etwas peinlich werden. Beenden wir den Ausflug ins reale Leben. Aber so ist das mit der Altersweisheit, mal kritisch betrachtet. Man vergisst die eigenen Fehler und betrachtet die der anderen mit dem Vergrößerungsglas. Und

Vergrößerungsgläser zeigen an, dass man als Mensch im Rentenalter nicht mehr so ganz scharf sieht.

Nein, der Hausarzt muss nicht alles wissen ...

Wenn du die 65 überschritten hast und morgens aufwachst, ohne dass dir irgendetwas wehtut, bist du vermutlich tot. Wenn dir aber (eigentlich zum Glück) irgendetwas wehtut, musst du nicht augenblicklich all deine Mitmenschen darüber informieren. Lebensgefährten – ob männlich oder weiblich – geraten in Panik, wenn du beim Frühstück erklärst: »Ich habe da so ein merkwürdiges Stechen hinten links im Rücken.« Dein Hausarzt wird, über dieses neue Symptom informiert, entweder die große Diagnoseshow abziehen (wenn er neu im Beruf ist und seine schicke Praxis abbezahlen muss) oder dir einen (fast) kostenlosen Rat erteilen, sofern er älteren Semesters und ein erfahrener Allgemeinmediziner ist.

Außerdem solltest du dir darüber im Klaren sein, welche Folgen es nach sich ziehen kann, wenn du wirklich jedem Symptom nachgehst. Im Wartezimmer herumsitzen, dabei den Kontakt mit weiteren netten Erregern aller Handelsklassen aufnehmen, dann ins Sprechzimmer, den Arzt begrüßen. Und dann musst du auch noch feststellen, dass dein Hausarzt nicht mehr dein Hausarzt ist, denn der hat dasselbe getan wie du – er ist in Rente gegangen. Nun steht eine ziemlich junge Ärztin vor dir (keine 40 Jahre alt, das Mädchen), sie hat die Praxis übernommen und du musst ihr erst mal die ganze Litanei deiner Beschwerden herunterbeten. Sie studiert deine Krankenakte, in der Dinge stehen, die außer dir und deinem Arzt eigentlich niemand wissen sollte. Sie schüttelt immer wieder den Kopf, lächelt dabei so komisch und kann es nicht lassen, dir die üblichen ärztlichen Ratschläge zu Blutdruck und Übergewicht mit auf den Weg zu geben, und will dich schließlich auch noch mit diesem fiesen kalten Stethoskop abhorchen. »Machen Sie sich mal frei!« Du staunst über dich selbst, du schämst dich richtig ein bisschen … Nicht mal ein Rezept schreibt sie dir aus – die Hausmittel werden reichen.

Seltsam, am nächsten Morgen ist das Schmerzgefühl wieder weg, der Arztbesuch war für die Katz, aber jetzt hast du so ein verkrampftes Gefühl in der linken Wade – das vielleicht auch nur bis morgen existiert. Gut, es gibt ein paar Symptome, die du nicht für dich behalten solltest, permanenter Schmerz hinter dem Brustbein, wiederkehrende Beeinträchtigungen. Aber wenn dich eine neue Krankheit befällt, ist es vielleicht angeraten, erst einmal ein paar Tage abzuwarten. Weil du ja als gesundheitsbewusster Mensch ohnehin alle Vorsorgeuntersuchungen gemacht hast, kann es so schnell so schlimm nicht kommen. Und bis es ganz schlimm kommt, hast du dich vielleicht auch an deine neue Hausärztin gewöhnt.

Fifty Shades of Beige

Man könnte dieses Kapitel als eine Art Modeberater für Menschen höheren Alters begreifen, die in eine gewisse textile Verwirrung geraten sind. Die wichtigste Überlegung zu diesem Themenfeld sollte allerdings sein: Bevor du in ein Bekleidungsgeschäft gehst, um dich neu und mindestens 30 Jahre jünger einzukleiden, solltest du dir vielleicht durch den Kopf gehen lassen, wie du im Alter aussehen willst – jung oder glücklich?

An berufliche Kleidervorschriften musst du dich jetzt nicht mehr halten, doch du solltest die folgenden Zusammenhänge kennen, die den beruflichen Dresscode zumindest zum Teil ersetzen: Es gibt so etwas wie ein kollektives Farbmanagement, jeweils gültig für einen bestimmten Kulturkreis. Je nach Lebensalter und Funktion ändern sich die Farbzuweisungen in der Mode, wobei jeder Wechsel mit einer Metamorphose – ganz ähnlich wie im Reich der Insekten – verbunden ist. Die meisten Menschen durchlaufen in ihrer Lebenszeit sogar mehrere solcher Verwandlungen.

Der Status quo für die meisten von uns: Nach einer knallbunten Kindheit folgen Umwandlungen im schulischen Leben und in der Ausbildung.

Schüler weiterführender Schulen bleiben bunt, wer direkt ins Berufsleben geht und eine Ausbildung macht, büßt die Farbe seiner Kleidung ein, tauscht das kolorierte Spektakel gegen Berufsbekleidung wie Uniform, Blaumann und Einheitskittel.

Wer studiert, beginnt die akademische Laufbahn häufig papageienbunt. Mit der Zeit teilt sich die Welt der Farben in Untergruppen auf. Juristen, Theologen und Naturwissenschaftler entfärben sich deutlich, wer in die Kreativwirtschaft will, legt in Sachen Farbe möglicherweise noch zu. Die Alphatypen in diesem Bereich ziehen manchmal auch Schwarz vor.

Was bedeutet diese farbwissenschaftliche Erkenntnis für die Menschen, die jetzt Rentner sind? Das kollektive Farbmanagement sieht für die Schnittstelle zwischen Berufsleben und Rentnerdasein eine ganz besondere Metamorphose vor:

Die präsenile Beige-Verschiebung, auch Opa-Entfärbung oder Omilyse genannt, sorgt für drastische Veränderungen, wenn du ihr nicht entschieden entgegentrittst. Farbige Kleidungsstücke lösen sich scheinbar wie von selbst auf, werden langsam, aber sicher aus der Garderobe aussortiert. Hier wirken unterschwellige Kräfte des kollektiven Unbewussten. Für Neuanschaffungen werden, obwohl ja auch für Rentner und Rentnerinnen die ganze Farbpalette zur Verfügung steht, unbewusst die Farbvarianten RAL 1001 (Beige) oder RAL 1011 (Braunbeige) gewählt, auch bekannt als die Farbnuancen Karamell, Elfenbein, Eierschale, Sand, Retro, Suppennudel oder Nudo. Sinn und Zweck dieser Verwandlung: Rentner und Rentnerinnen wollen sich unbewusst unsichtbar machen, mit ihrer Umgebung verschmelzen, gut getarnt durchs Leben gehen.

Andere Beobachter der Zeitläufte behaupten immer wieder, das sei alles reiner Unsinn. Der Rentner und die Rentnerin von heute und morgen werden sich einer derartigen Tendenz zur Unsichtbarkeit nicht unterwerfen. Schließlich haben bereits die ersten Hippies und Punks das Rentenalter erreicht, in Kürze kommen Hipster und voll tätowierte Influencerinnen und Rockstars mit beeindruckenden Körperschmuckstücken hinzu. Da sieht Beige doch einfache Scheiße aus, keine Chance, Schwarz wäre eine Alternative. Aber alles ist besser als die zufällige Geschmacklosigkeit, mit der manche Senioren, die sich weigern, an der Beige-Verschiebung teilzunehmen, die Farben ihrer Kleidung wählen.

Das Gegenstück zur Beige-Verschiebung ist nämlich eine geschmackliche Desensibilisierung, die postjuvenile Farbverwirrung. Es gibt Farben und Farbtöne, die können Augenkrebs verursachen. Überirdisch stahlblaue Allwetterjacken, gefärbt in einer Frequenz des Farbspektrums, die in der Natur gar nicht vorkommt, können bei Wanderungen zur Massenflucht ganzer Wildtierpopulationen führen. Rentner mit orangefarbenen bis roten Reminiszenzen an Bhagwan und die Seinen, mit einzelnen Kleidungsstücken wie Warnwesten in leuchtendem Versagergrün, verändern die Wahrnehmung auch an Orten, wo früher Loden regierte. Ältere Damen färben sich dazu gern noch die Haare in Leichen-Lila.

Aber vielleicht ist das alles auch gut so, Deutschland soll ja ohnehin immer bunter werden. Die Möglichkeiten sind ebenso vielfältig wie die Farbnuancen zwischen Infrarot und Ultraviolett. Dennoch ist zu hoffen, dass dieses Kapitel geholfen hat, das eine oder andere farbliche Fettnäpfchen im Rentnerleben zu vermeiden und die schlimmsten Katastrophen zu verhüten.

Die Wohnmobil-Falle

So ein Wohnmobil, das ist die Freiheit auf Rädern! Du kannst fahren, wohin du willst, und bleiben, wo immer du möchtest, verspricht dir so mancher Werbespot, in dem weder Stauungen noch Campingplätze vorkommen. Nur Natur pur und dein Wohnmobil. Einen immer total tiefenentspannten und immer nur lächelnden Lebenspartner gibt es gratis dazu. Kommen da nicht Zweifel auf?

Wenn du unbedingt den verführerischen Einflüsterungen der Werbebranche folgen musst und mit einem Wohnmobil durch die Landschaft cruisen willst – tu, was du nicht lassen kannst! Aber: Kauf dir nicht gleich so ein Monstrum! In Nullkommanix wird aus dem Reisemobil ein Mahnmal missglückter Mobilität vor deiner Haustür – das brauchst du nicht! Glaubst du nicht? Du willst deinen Traum leben?

Du blätterst also etwa 64 000 Euro für ein unvergleichliches Liberty Alkoven A 723 G Relax Edition auf den Tisch des Händlers oder zahlst ungefähr 37 000 Euro, wenn du mit einem gebrauchten, aber unglaublich gut erhaltenen Hymer-Eriba Camp 512 CL zufrieden sein willst. Schon bei deiner ersten Reise in dem brandneuen Gerät stellst du ein wenig verärgert fest, dass Tempo 100 ein Schneckentempo ist und man durchaus schneller fahren könnte, gäbe es da nicht den Seitenwind auf Autobahnbrücken, dessen Gefahren durchaus nicht überschätzt werden.

Deine Urlaubsstimmung gerät auf dem ersten Autobahnrasthof erst richtig in eine Krise, als du feststellen musst, dass so ein schickes Wohnmobil Schrottautos mit albanischen und rumänischen Kennzeichen wie magisch anzieht und um dein Fahrzeug schon bei Eintritt der Dämmerung finster dreinblickende Männer mit kleinen Gasflaschen in der Hand herumschleichen. Visionen von eingeschläferten Wohnmobilisten entsteigen deiner Fantasie, und du fragst dich, ob du nicht lieber näher an der Toilette der Raststätte parken solltest, entscheidest dich aber wegen der Geruchsbelästigung dagegen.

Stattdessen schläfst du bei tropischen Nachttemperaturen um die 25 °C mit geschlossenen Fenstern. Dennoch tust du die halbe Nacht kein Auge zu, weil dich das lautstarke Sexualleben der Trucker neben deinem Mobilheim mit Geräuschen unterhält, die dir bisher noch nicht im eigenen Schlafzimmer, sondern nur auf einschlägigen Seiten im Internet oder im nächtlichen Privatfernsehen untergekommen sind. Außerdem stellst du fest, dass die Geruchsbelästigung durch deinen Partner auf dem Chemieklo eurer Blechbehausung nicht nur die Autobahntoiletten, sondern auch sonst alles in den Schatten stellt, was du bisher von ihr oder ihm gerochen hast.

Gerädert wachst du morgens aus fiebrigem Halbschlaf auf und startest sofort durch, weil du noch im Laufe des Tages die Toskana erreichen willst. Zuerst schwappt dir während der Fahrt wegen der weichen Federung der dringend benötigte Kaffee aus der Tasse und es geht überhaupt nur im Schneckentempo voran. Dann stellen sich euch auch noch die Alpen in den Weg, und am späten Nachmittag stehst du dann bei nahezu 40 °C in der Poebene im Stau …

Um die quälend lange Anreise abzukürzen: Du und deine Reisegefährten erreichen den Campingplatz in der Toskana so gegen 23:30 Uhr. Ihr trefft dort überraschend die volltrunkenen Rösners aus der Krefelder Straße und die ebenso abgefüllten Wasmeiers von nebenan, die ihr beide nicht ausstehen könnt, und noch dazu beide in einem Wohnmobil, das deutlich größer ist als das eure.

Ein speziell weibliches Problem des Wohnmobiltraums: Du könntest nun endlich bei offenen Fenstern schlafen – wären da nicht dein Partner und Alfred Rösner, die beide sturzbesoffen zwischen den Wohnmobilen sitzen und mit Blick in den unschuldigen Nachthimmel irgendwelchen gequirlten Blödsinn über außerirdische Intelligenzen, Milchstraßen und Galaxien sowie die Größe des Menschen im Vergleich zum Universum faseln. Außerdem scheinen alle Stechmücken in dieser Region Italiens einen nächtlichen Aufenthalt in deinem Fahrzeug für dringend angeraten zu halten. Nahezu blutleer und total übermüdet stellst du fest, dass die großen Geschäfte deines Partners nun nicht mehr wie potenziertes Autobahnklo riechen, sondern Komponenten von Thymian, Wacholder, Rosmarin und Salbei mitschwingen, kurz: als hätte jemand mitten in die Toskana geschi...

Diese Vergnügungen kannst du nun volle drei Wochen lang genießen, dazu Küche auf Camping-, bestenfalls Imbissbuden-Niveau, weil es in der Nähe deines Campingplatzes kein richtiges Restaurant gibt und du dich mit dem Monsterfahrzeug nicht in die enge Innenstadt traust. Als du leichtsinnigerweise den Wasmeiers von diesem Problem erzählst, salbadern die dir drei Tage lang die Ohren über die Vorzüge eines zusätzlichen Mofas am Wohnmobil voll. Genervt kaufst du für 1200 Euro eine uralte Vespa mit immerhin drei Jahren Garantie bei einem ambulanten einheimischen Händler, deren Motor leider auf den ersten 250 Metern die Grätsche macht, was besonders lästig ist, da der Verkäufer seine ambulante Verkaufsstelle auf dem Campingplatz aufgegeben hat und für dich in der engen Innenstadt quasi unerreichbar ist – der klassische Teufelskreis. Dort erzählt man sich schenkelklopfend in der Taverne die Geschichte von der alten Vespa, die Luigi jedes Jahr mindestens dreimal an schwachsinnige deutsche Wohnmobilisten verkauft.

Eure beiden weiteren Reisen im Wohnmobil fallen deutlich kürzer aus und führen euch zum Beispiel in die Niederlande (Reise 1) oder von Köln nach Aachen (Reise 2). Die albanischen Banden folgen dir treu auf Schritt und Tritt, du kannst deinen Geruchserfahrungen eine Gouda- und sogar eine Weihnachtsgewürzmischungsfäkalkomponente hinzufügen. Danach versuchst du zum ersten Mal, das Chemieklo zu entleeren, und beschließt als Folge der Aktion spontan, dem Wohnmobil etwas Ruhe zu gönnen. Du stellst es vor deiner Haustür ab, wo es für die nächsten sechs bis acht Monate als Mahnmal automobiler Einfältigkeit den Blick auf die Straße versperrt. Weiteren Reisen in dem Gerät, die dein Partner sich wünscht, entgehst du, indem du unter Aufwendung all deiner Fantasie Krankheiten und Gebrechen simulierst, Terminschwierigkeiten, Allergien und Phobien vortäuschst. Irgendwann wird auch dein Partner Vernunft annehmen, und ihr werdet die nächsten sieben bis neun Monate damit verbringen, das gebrauchte Gerät zu verscheuern. Weitere sieben bis neun Monate könnt ihr euch dann über den exorbitanten Wertverlust ärgern, den ihr verkraften müsst.

In der Saison oder davor oder danach?

Nach diesen weltbewegenden Erkenntnissen zum Reisen im Wohnmobil bleibt noch eines zum Thema Urlaub zu sagen: Da gibt es nämlich einen Irrtum, der sich vermeiden lässt. Was hast du dich noch im letzten Jahr geärgert, weil du aus beruflichen Gründen in der Hauptsaison verreisen musstest, damals ging es ans Mittelmeer. Was für eine Hektik, was für eine nervöse Hetze genau dort, wo du auf der Suche nach

Ruhe warst! Endlich bist du an keine festgelegten Zeiten für deine Ferien mehr gebunden und kannst verreisen, wann du möchtest. Was wie die Lösung eines Problems aussieht, entpuppt sich aber als ein neues: Während dir die Ferien in der Hauptsaison zu hektisch vorkamen, triffst du jetzt – in der Vor- oder Nachsaison – überall nur auf Langeweile. Überall Rentner, nichts als Rentner …

Lebenssinn für Amateure: Hobbys

Rentnertage sind lang: Während du früher mit dem Acht-Stunden-Tag über ein relativ begrenztes Zeitkonto verfügtest, sichert dich heute kein vertraglich geregelter Feierabend ab. So ein Durchschnittstag kann auch schon mal 12 oder 16 Stunden dauern. Mehr als genug Zeit, um ins Grübeln zu geraten und am Sinn des Lebens zu zweifeln. 42? Geschenkt, du hast außer *Per Anhalter durch die Galaxis* noch einige Bücher mehr in deinem Leben gelesen, dieses hier könnte auch das letzte sein. Nein, du brauchst wirklich wirkungsvolle Mittel gegen Langeweile, Tätigkeiten, die dich ganz und gar in Anspruch nehmen, Herausforderungen, die dir die Schädeldecke wegblasen … äh … Na gut, es geht eine Nummer kleiner. Ein wenig Lebenssinn können auch stillere Hobbys liefern, aber …

… je verrückter, desto besser! Denn abgedrehte Freizeitbeschäftigungen beschäftigen dich nicht nur, sondern werden auch zwingend zum Gesprächsanlass mit deinen Mitmenschen. Aber wähle dein Steckenpferd mit Verstand und gut überlegt, denn zwischen Wahnsinn und Verstand ist oft nur eine dünne Wand (Daniel Düsentrieb). Geocaching ist noch ziemlich normal wie auch Häkeln, Stricken und Sticken, Puzzeln, Seifeherstellen, Mandalasausmalen, Burlesque, Plane-Spotting und Lettering. Beim Extrembügeln überschreitest du nicht nur die Grenze zu einer Sportart, sondern vermutlich auch deine alpinistischen Möglichkeiten, ein faltenloses Herrenhemd auf dem Nahkampfbrett in der Höllentalklamm, das bringst du nicht wirklich. Manche Entscheidungen für ein exotisches Hobby würden dich auch einsam machen – sehr einsam. Wer sammelt schon Ölsardinen?

Hier einige Vorschläge aus der Gruppe der weniger extremen bis mittelprächtig extremen Hobbys:

Als **Hobby-Imker** lernst du nicht nur auf ganz neue Art und Weise die süße Seite des Lebens, sondern auch neue »Haustiere« kennen. Ja, du darfst deine Lieblingsbiene auch Maja nennen. Abenteuer inklusive: Irgendwann schwärmt ein neues aus deinem alten Volk. Das bedeutet für dich eine schöne Verfolgungsjagd quer durch die City, denn du musst sie ja einfangen …

Beim **Modellbau** vergisst du schnell die Zeit und gerätst in einen Flow. Aber überleg dir genau, ob du demnächst wirklich den Untergang der *Titanic* im Maßstab 1 : 12 im Baggerloch nachspielen oder lieber den Kölner Dom im

Maßstab 1:2 neben dem Original aus Spaghetti erbauen möchtest.

Demonstriere der Welt in einem **Kneipenquiz** deine intellektuelle Überlegenheit, gewinne flüssige Preise und beweise, dass du die Schlaueste/der Schlaueste von allen bist. Mach später beim Millionenquiz weiter.

Fernreisen in Echtzeit mit dem **Flugsimulator** machen auf Dauer nur Spaß, wenn du einen netten Flugbegleiter/eine sympathische Stewardess mitnehmen kannst. Beginne mit Nürnberg–Berlin. Mach die eine oder andere Zwischenlandung, wenn du von New York nach Sydney/Australien (Flugzeit: 21 Stunden 55 Minuten) reisen willst.

Gebrauchte alte Automobile sind billig. Warum fährst du nicht mal bei einem **Stockcar-Rennen** mit? Das baut Aggressionen ab.

In **Tabletop-Fotos** und **-Filmen** kannst du deine ganz eigene Welt erschaffen. Schöne Aufgaben warten auf dich, du könntest zum Beispiel *Casablanca* mit Lego-Figuren nachgestalten oder Godzilla in Salzteig wiederbeleben.

Du könntest auf allen **Rennstrecken** Europas eine Runde drehen. Wenn du auf dem Nürburgring mit Totalschaden herausfliegst, gib am besten gleich deinen Führerschein ab.

Wenn du kein Auto (mehr) hast, könntest du in den europäischen Freizeitparks zum **Coaster Counter** werden und auf möglichst vielen Achterbahnen mitfahren – wenn das dein Magen mitmacht …

Werde zum Forscher mitten in der Großstadt: Bei der **Urban Exploration** könntest du die Katakomben von Lemgo erkunden oder ein totes Gleis der Frankfurter U-Bahn entdecken. Aber lass dich nicht erwischen, denn vermutlich hast du einige »Betreten verboten!«-Schilder übersehen.

Ziemlich wild und ziemlich realistisch geht es beim **LARP** = Live Action Role Playing zu. Für ein paar Tage werden Fantasien zur realen Wirklichkeit. Wähle entweder den verzaubert-mittelalterlichen Weg und agiere als Ritter, Marketenderin, Landsknecht, Zauberer, Adelsfrau, Ork oder Elfe. Oder du entscheidest dich zu einem Zeitsprung und wirst zum Helden der Zukunft. Ob Mittelalter oder Science-Fiction: Das komplette Zubehör – Kleidung, Geräte, Waffen – stellst du natürlich selbst her. Eine weitere spannende Variante: **Cosplay** – du wirst zu einem Charakter aus Anime, Manga oder Comic.

Zurück in die Realität, da wäre noch eine Sache, über die geredet werden muss:

Der Einkommensschrumpfungsschmerz

Das ist alles? Du wusstest in etwa, womit du rechnen konntest, aber geschockt hat dich die Summe trotzdem. Es hätte ruhig ein bisschen mehr sein können, meintest du sicher. Wenn du allerdings die folgenden Zeilen liest, befällt dich ein weitaus intensiveres Gefühl, das man eigentlich nur mit »deutscher Rentenfrust« oder mit dem Wortungetüm »Einkommensschrumpfungsschmerz« beschreiben kann, denn den Rentnern in anderen europäischen und einigen ausgewählten Ländern irgendwo in der Welt geht es erheblich besser.

Hier ein Blick auf Rentenbescheide weltweit: Die drei Säulen benennen die Prozentwerte für niedrige, durchschnittliche und hohe Einkommen, netto, steuerbereinigt. Sortiert wurde hier nach den mittleren Einkommen. Wenn man das letzte Einkommen im Berufsleben mit 100 Prozent ansetzt, so ergibt sich folgendes Bild:

Nation	**niedrig**	**mittel**	**hoch**
Indien	94,8 %	94,8 %	94,8 %
Türkei	86,2 %	93,8 %	98,7 %
Argentinien	102,8 %	92,8 %	88,8 %
Italien	92,0 %	91,8 %	94,4 %
Luxemburg	99,0 %	90,1 %	85,9 %
Österreich	89,7 %	89,9 %	89,6 %
Portugal	88,0 %	89,6 %	89,0 %
Ungarn	84,3 %	84,3 %	84,3 %
Spanien	78,6 %	83,4 %	82,8 %
Niederlande	78,0 %	80,2 %	78,5 %
China	98,5 %	79,4 %	73,6 %
Frankreich	71,4 %	73,6 %	69,0 %
Dänemark	104,5 %	70,9 %	63,3 %
Island	80,5 %	69,8 %	69,8 %
Belgien	70,7 %	66,2 %	48,3 %
Saudi-Arabien	65,4 %	65,4 %	65,4 %

Slowakei	71,7 %	65,1 %	63,3 %
Brasilien	100,1 %	64,8 %	64,8 %
Finnland	65,1 %	64,2 %	64,9 %
Tschechien	91,6 %	60,3 %	47,9 %
Indonesien	58,2 %	59,0 %	58,6 %
Israel	81,1 %	57,8 %	42,4 %
Slowenien	62,8 %	57,5 %	53,7 %
Russland	71,7 %	57,0 %	51,6 %
Lettland	55,2%	54,3 %	52,2 %
Schweden	60,7 %	53,4 %	68,9 %
Estland	65,6 %	53,1 %	49,0 %
Deutschland	56,1 %	51,9 %	51,4 %
Norwegen	57,0 %	51,6 %	43,0 %
Griechenland	57,6 %	51,1 %	50,3 %
Kanada	58,3 %	50,7 %	39,7 %
USA	61,2 %	49,4 %	42,7 %
Schweiz	54,3 %	44,3 %	31,7 %
Südkorea	60,8 %	43,4 %	32,6 %
Neuseeland	79,8 %	42,8 %	30,3 %
Australien	75,5 %	41,0 %	43,8 %
Chile	44,6 %	37,3 %	37,9 %
Japan	45,9 %	36,8 %	33,3 %
Irland	60,5 %	35,9 %	26,7 %
Polen	35,9 %	35,1 %	34,7 %
Litauen	48,4 %	31,0 %	25,3 %
Mexiko	35,6 %	28,6 %	28,6 %
Vereinigtes Königreich	51,0 %	28,4 %	20,2 %
Südafrika	34,5 %	18,5 %	12,9 %

Wie komme ich nur darauf, dass das folgende Kapitel gut zu der hier geschilderten Sachlage passt?

Demenz, Depression, Alkohol – musst du da mitmachen?

Gut, es gibt Beratungsstellen, und die dort angestellten Damen und Herren wollen auch leben, aber du musst, nur weil du jetzt Rentner oder Rentnerin und vom deutschen Rentensystem schwer geschädigt bist, nicht zwangsläufig irgendwelche neuen Störungen entwickeln. Nicht jede kleine Vergesslichkeit ist sofort Alzheimer. Und nicht jede kleine schlechte Laune wächst zu einer Depression heran. Nicht dein Problem? Du wachst morgens auf und hast gute Laune? Perfekt! Du weißt noch, wie du heißt und wo du wohnst, bist unten dicht und oben klar? Gratulation! Und zu Wein und Bier, da rat ich dir – mehr als gestern Abend muss es aber auch nicht sein … Stell dir Regeln auf. Werde zum Beispiel zum Kronkorkensammler. Mehr als ein oder zwei Deckel pro Tag darf deine Sammlung nicht wachsen. Und Doppelte sind verboten. In über 1350 deutschen Brauereien werden über 5000 verschiedene Biere hergestellt – versuch, eine Flasche von jedem zu trinken. Eine schöne Aufgabe für deinen Lebensabend.

Noch solo?

Jetzt ist es passiert: Du bist aus deinem Arbeitsleben aufgewacht und bemerkst erschrocken deine substanzielle Einsamkeit: Außer Arbeit war da gar nichts! Das muss geändert werden! Oder du bist einer/eine von den vielen Menschen, die eine Scheidung oder Trennung erleben mussten – jetzt hast du die Zeit und vermutlich auch die Gelegenheit, deinen Beziehungsstatus bei Facebook zu optimieren.

Die Möglichkeiten sind besser als je zuvor. Vor allem online ist es ganz einfach … an einen Sittenstrolch oder eine Heiratsschwindlerin zu geraten. Aber du bist ja keine 18 Jahre mehr und kannst nach ein paar Stunden Chat sicher ungefähr einschätzen, mit wem du es zu tun hast. Viel Erfolg also und neue Schmetterlinge im Bauch.

Auf eine Gefahr allerdings möchte ich besonders hinweisen: Rentnerinnen, die auf der Suche nach einem neuen Partner sind, sollten sich bewusst machen, dass sehr viele von den Männern, die da nach neuer Verbindung suchen, nicht etwa auf der Suche nach einem Sexobjekt sind – na ja, so als Gratiszugabe nehmen sie diesbezüglichen Service auch ganz gern mit (diese Sexmonster!). In Wirklichkeit ist die Sachlage anders: Nahezu alle Männer sind ökotrophologische Vollpfosten und würden ohne weibliche Unterstützung in kurzer Zeit in ihrem eigenen Mist untergehen. Sie suchen – und das würden sie natürlich nie zugeben – nach einer Putzfrau oder einer Haushälterin, kostengünstig natürlich. Zahlen würden sie sozusagen mit der Gnade, mit ihnen zusammenleben zu dürfen. Es ist schon widerlich, wie Männer sich romantisch einschleimen, um zu bekommen, was sie wollen, denn diese Männer wollen immer nur das eine: eine gut geputzte Wohnung, jemanden, der die komplizierte Waschmaschine bedienen kann, außerdem drei regelmäßige Mahlzeiten pro Tag. Bewerber also unbedingt einem aussagefähigen Hausmannstest unterziehen! Männer, die nicht bügeln oder einen Knopf annähen können, fliegen raus aus der erotischen Shortlist!

Exkurs: Sex als Rentner/Rentnerin

Es soll Männer geben, die zur Impotenz neigen, wenn man ihnen den Führerschein wegnimmt. Ähnliches gilt für den Arbeitsplatz, könnte man glauben, aber die Verkaufszahlen von Potenzmitteln, aufgeschlüsselt nach Jahrgängen, stützen diese Behauptung nicht. Nur weil du in Rente gehst, lieber Rentner, musst du kein Viagra-Abo bei deiner Online-Apotheke buchen. Es geht auch ohne. Zur Not träume ein wenig von den High Heels und dem unwiderstehlichen Duft deiner letzten Chefin.

Manche Rentnerin hat ein anderes Problem: Weil sie nicht mehr ihr öffentliches Auftreten an ihrem Arbeitsplatz als Begründung heranziehen kann, hat sie Schuldgefühle, wenn sie sich »aufdonnert«. Sie empfindet nun das, was sie zuvor jeden Morgen getan hat, als irgendwie anstößig – kosmetisches Vollprogramm vor dem Spiegel, schickes Oberteil mit einem Blitzer Spitze im Ausschnitt, dazu der schmale Rock, der so wunderbar schlank macht, die Schuhe, die alles andere als billig waren. Da liegt der Haken: Der Grund für diese ästhetische Aufrüstung fehlt scheinbar. Und plötzlich wird aus dem Schwanenweibchen ein hässliches Entlein, das weibliche Selbstwertgefühl tendiert gegen null, der innere weibliche Avatar, der immer so gut funktioniert hat, fällt in sich zusammen. Da ist die Luft raus, und das ist gefährlich! Deshalb: Solltest du ähnliche Gefühle kennen, geh sofort zum Gegenangriff über! Gönn dir, liebe Rentnerin, weiterhin die volle erotische Aufrüstung – und wenn es für den Postboten ist.

Johannisfieber und Madonnasyndrom

Da wäre, was das Thema Sex angeht, noch ein anderes Problem mit alternden Menschen – der Altersunterschied. Es gibt zwei Varianten:

Dieser geile alte Sack! Jedes Mal, wenn du von einem ungleichen Paar hörst – sie gerade mal in der Postpubertät, er bereits deutlich auf dem Weg zur Urne –, packt dich heiliger Zorn. Warum kann der Mann sich nicht benehmen? Er müsste sich doch klar darüber sein, wie alt er ist, dass sie eigentlich »Opa« zu ihm sagen müsste, er sich ziemlich lächerlich macht und so, wie er aussieht – nur noch Resthaar unter der Perücke, Schwimmring statt Sixpack –, nicht die geringste Chance bei dem Mädchen hätte, wäre da nicht sein Geld …

Klar, der Mann leidet an Johannisfieber, hält sich wegen seiner reifen Ausstrahlung für unwiderstehlich und ist komplett von sich besoffen. Und eines Tages schaust du in den Spiegel und stellst fest – genau wie ich! Dir ist nämlich am Tag zuvor ein feenhaftes Wesen auf einem gelben Fahrrad über den Weg geradelt, die neue Briefträgerin, die seit Kurzem regelmäßig die gesamte Nachbarschaft mit Briefen, Paketen und einem unwiderstehlichen Lächeln beglückt. Postsendung und ein Lächeln gratis, ein Lächeln, sage ich dir …

Und hat sie dir nicht ganz besonders liebevoll zugelächelt? Und als sie dir dann den Rückschein zum Unterschreiben reichte, hat ihre Hand da nicht einen Augenblick zu lange die deine gestreift, sie eine Spur zu zärtlich berührt, so gefühlvoll, dass deine bekannten Rhythmusstörungen gemeinsam sämtliche Betablocker niedergerungen haben und dir das Herz förmlich aus dem Halse (um nicht zu sagen: aus der Hose) gehüpft ist wie einem pubertierenden Jüngling? Mein Gott, hattest du Schwierigkeiten, deinen aufgedrehten Metabolismus wieder runterzuregeln! Jetzt hör aber auf, Kerl, im Bett wirst du sie allenfalls mit der Intensität deines Hechelns beeindrucken können, dein Sixpack hast du vor ein, zwei Jahrzehnten irgendwo liegen lassen, direkt neben deiner Potenz … Was ist los mit dir, fragst du dich, wie kannst du armer Irrer auf die Idee kommen, dieses paradiesische Geschöpf für dich gewinnen zu können? Zumal es dir nicht nur an geistiger und körperlicher Schönheit fehlt, sondern vor allem auch an einem geschwollenen … Konto.

Du hast Johannisfieber bekommen wie der alte Apfelbaum in deinem Garten: Johannistriebe im Herbst. Es sind in deinem Fall 42 °C auf dem Liebesthermometer. Johannisfieber ist eine absurde Verliebtheit eines alten Mannes inklusive rosa Brille, was die eigene Person betrifft. Es ist zwar nicht sonderlich infektiös, aber wenn es dich erwischt hat, hilft oft nur intensive Therapie durch eine liebevolle Person – bei ausreichenden finanziellen Mitteln kauft sich mancher Mann die Traumerfüllung.

Das Gegenstück zum Johannisfieber ist übrigens das Madonnasyndrom, das nichts mit der Gottesmutter zu tun hat, sondern nach einer alternden Pop-Diva benannt ist. Denn auch die prominente Dame gesetzten Alters antwortet auf die Frage »Darf er ein bisschen jünger sein?« mit einem deutlich begeisterten »JAAA!«. Auch wenn sie befürchten muss, dass ihr jugendlicher Liebhaber eines Tages »Omilein« zu ihr sagt – oder »Uromilein« wie bei *Harold und Maude*. 18 und 80, vom Alter her passt das.

Fazit? Liebe ist Liebe, Sprünge über Generationen bringen gewisse Anstrengungen mit sich, aber wenn sonst alles stimmt – wen stört das unterschiedliche Alter?

Das Alphabet des Hausdrachens

Du bist noch immer der einsame Rentner/die einsame Rentnerin und fürchtest dich vor langen Abenden in der tristen, leeren Wohnung? Keine Menschenseele, die an dich denkt? Nur keine Panik! An einem solchen einsamen Abend könntest du einmal ein Gedankenspiel spielen und dir durch den Kopf gehen lassen, wie es deinen Freunden und Bekannten wohl mit ihren Lebensgefährtinnen und -gefährten ergeht. Früher, als sie noch im Berufsleben standen, schützte sie ihr Arbeitsalltag vor allzu viel partnerschaftlicher Nähe, und es gab immer Ausreden, um sich mehr Freiraum zu verschaffen: dringende Angelegenheit im Büro, Termine, Überstunden, Dienstreisen …

Welche Vorteile ziehen diese Freunde und Bekannten denn nun als Rentner/Rentnerin aus ihrer vermeintlich trauten Zweisamkeit? Ist es wirklich so sehr von Nachteil, solo zu sein?

Simulieren wir den folgenden Beziehungs-Check mal für eine fiktive Person – dein persönlicher Freundeskreis ist dem Verfasser dieses Buches natürlich nicht bekannt. Wir nehmen also Martin Mustermann und seine fiktive Clique ins Visier und kommen in diesem Gedankenexperiment »Das Alphabet des Hausdrachens« (Hausdrachen können auch männlich sein) zu folgenden Einsichten:

Anton darf abends nicht in die Kneipe. Tagsüber übrigens auch nicht. Seine Frau findet, dass sich in Kneipen nur asoziales Gesindel herumtreibt.

Barbara ist Frührentnerin, darf aber morgens nicht länger als bis 9:00 Uhr schlafen. Ihr Mann ist Offizier a. D. und kann schlaftrunkene Ehefrauen und andere Tagediebe nicht ausstehen.

Claus ist erzwungenerweise Antialkoholiker. Seine Freundin glaubt, dass Alkohol das Tier im Manne weckt, und das möchte sie nur an jedem dritten Mittwoch im Monat geweckt wissen. Außerdem isst Claus fettarm – wenn sie dabei ist.

Dieter verbringt seit seiner Pensionierung 80 Prozent seiner Zeit in der Garage. Dort bastelt er an seinem Motorrad (das erzählt er seiner Frau). In Wirklichkeit trinkt er Wodka (der macht keine Fahne), schaut auf dem Handy Pornos an und erfindet neue frauenfeindliche Flüche.

Emilia raucht bei –15 °C auf dem Balkon, weil Passivrauchen noch viel schlimmer ist, als selbst zu rauchen, meint Rita, ihre Freundin. Im Dezember wäre sie fast erfroren.

Ferdinand trägt Selbstgestricktes, obwohl er Pullover hasst. Er bringt es a) nicht fertig, seinem Freund Detlef diese Abneigung mitzuteilen, und befürchtet b), dass dieser dann womöglich mit Makramee, Seidenmalerei oder Schlimmerem anfängt.

Georg darf das Wohnzimmer nur mit Pantoffeln betreten, und das auch nur an den Wochenenden. Das Parkett ist bereits versiegelt. Knabbergebäck beim Fernsehen ist verboten und bleibt in der versiegelten Vakuumpackung. Die Tür des

Wohnzimmers wird sonntags um 20:00 Uhr für den Rest der Woche versiegelt. Dass in diesem Haushalt auch die Kasse, der Kühlschrank und sonst so einiges versiegelt ist, liegt auf der Hand.

Helga darf sich nicht mehr ganz in Gedanken kratzen, dort, wo keine Sonne scheint, und musste ihr Hängebauchschwein abschaffen. Ihr Mann fand Ersteres zu schmutzig und Letzteres zu unästhetisch. Oder umgekehrt.

Ignaz darf keine Zwiebeln essen, nicht mehr furzen und nicht mehr mit seinen Freunden Skat spielen. Seither ist er Naturfreund. Er isst seine Zwiebeln aushäusig, furzt in der freien Natur wie ein wilder Eber und spielt im Naturfreundehaus mit seinen Freunden Skat. Seine Frau kommt dabei nicht vor.

Jana muss jeden Morgen joggen, bei jedem Wetter. Schließlich soll sie fit bleiben, ihr Mann ist Sportlehrer. Sie hat eine perfekte Joggingvermeidungsstrategie entwickelt und verlässt das Haus gegen 7:00 Uhr. Für den Fall, dass es regnet, hat sie hinter den Mülltonnen einen Schirm deponiert. Um 7:05 Uhr läuft sie in »Jupp's Kaffeebude« ein und frühstückt ausgiebig. Gegen 7:45 Uhr versaut sie sich in einer eigens hinter der Bude angelegten Schlammpfütze Sportschuhe und Jogginghose, sprüht sich das Gesicht mit einem Gemisch aus Wasser und Babyöl ein, das sie in der »Kaffeebude« deponiert hat (»Schweißperlen!«), und »joggt« die 150 Meter nach Hause …

Kurt darf kein Fleisch mehr essen. Seine Frau glaubt an irgendeinen Yogi, der auch kein Fleisch mag. Immer wenn seine Frau im Ashram meditiert, schlachtet er im Keller

Lämmer und feiert wahre Blutorgien. Meint seine Frau – in Wirklichkeit geht er nur ins Steakhaus, was für sie auf dasselbe hinauskommt.

Leonard darf sonntags keine Jogginghosen tragen, Schlips und Kragen sind angesagt. Außerdem gibt es diese Woche keinen Sex, weil er die Frauengruppe seiner Ehepartnerin durch machohaftes Auftreten beleidigt hat. Abends schießt er im Bastelkeller mit dem Luftgewehr auf Bilder seiner Frau.

Martina hat das Tourette-Syndrom, darf aber nicht mehr fluchen, stattdessen benutzt sie feinsinnige Ironie und macht hinterfotzige sarkastische Bemerkungen. Die versteht ihr Mann nicht.

Otto isst jeden Dienstag Dicke Bohnen, obwohl er Bohnen hasst. Er hasst sie ebenso wie das Sauerkraut montags, den Hackbraten mittwochs, die Stampfkartoffeln donnerstags, den Bratfisch freitags, die Erbsensuppe samstags und die Kohlrouladen sonntags. Er hat sich in seine Hose eine Plastiktasche einnähen lassen, in der er den Fraß unauffällig verschwinden lässt.

Paul geht drei Mal täglich mit dem Hund seine Freundin raus. Als er den Hund angeschafft hat, hat sie hoch und heilig versprochen … Ach, lassen wir das, Sie kennen das ja …

Quendolins Mann sieht gern Krimis. Sie liebt Seifenopern, die ihr Mann hasst. Also machen sie einen Kompromiss und sehen Krimis.

Richard darf zwar sonntags zum Fußballplatz, muss aber um Punkt 12:00 Uhr zu Hause sein, weil sonst das Essen kalt wird.

Stefan darf sonntags nicht mit seiner Harley fahren, wenn es nach Regen aussieht, und er muss auch sonst immer aufpassen, dass er sich seinen Desperado-Anzug nicht schmutzig macht. Außerdem muss er in der Woche sein Auto in der Garage lassen, weil ihm seine Frau die praktische Umwelt-Wochenkarte geschenkt hat.

Theo trinkt kein Bier mehr. Richtiges Bier mit Alkohol darf er nicht, von alkoholfreiem Bier fühlt er sich verarscht. Das ist wie Fußball ohne Tore.

Ulla hatte seit 1967 keinen Sex mehr. Ihr Mann auch nicht, aber das stört sie nicht. Ihn schon, aber auch das stört sie nicht.

Viktoria darf keine Bemerkungen über Männerhintern machen. Tut sie es doch, zeigt ihr Ehemann den seinen, indem er sich umdreht und sie einfach stehen lässt.

Walburga feiert heimlich Unterwäsche-Partys mit ihren Freundinnen, wenn ihr Mann im Fitnessstudio ist. Der glaubt, bei dem Kaffeekränzchen bei ihnen zu Hause ginge es um Tupperware.

Xaver wurde der Schnupftabak verboten. Luja, sog i!

Yogi heißt eigentlich Joachim, darf aber seinen Spitznamen nicht mehr gebrauchen.

Zacharias darf keinen Jazz mehr hören (»Negermusik«). Seine Gattin schätzt die Wildecker Herzbuam, die an seinem letzten Magengeschwür nicht unschuldig sind …

Ja sicher, für Männer gibt es eine Menge Vorteile in einer Beziehung. Gebügelte Hemden, regelmäßige Mahlzeiten, angenehme Gesellschaft? Bügeln kann jeder Mann selbst lernen. Regelmäßige Mahlzeiten verkauft das Restaurant an der Ecke, und das hat einen Stern. Welche Frau schafft das schon? Angenehme Gesellschaft? Mit wem denn? Anders gesagt: Im Solo-Rentner- und Seniorenhaushalt darfst du furzen, Zwiebeln essen, rauchen, trinken und fluchen, so viel du willst. Die meisten Rentner rauchen, trinken und furzen nicht mehr als der durchschnittliche Deutsche, aber es geht ums Prinzip. Verdammt noch mal.

Frauen sehen andere Vorteile: nein, nicht die Heimwerkerqualitäten ihres Mannes. Die meisten Männer wissen auch außerhalb des Schlafzimmers nicht, wie man seine Hände richtig gebraucht. Immerhin, es soll da Momente des Glücks, des stillen Einvernehmens, des langjährigen Vertrauens in einer Beziehung geben, für die sich besonders im Rentenalter breite Gelegenheit findet. Das einzig Breite ist allerdings für viele Frauen ihr Typ auf dem Sofa, und manche fragt sich: Momente des stillen Glücks – mit ihm? Das ist doch ein Scherz, oder? Besser nervenschonende Langeweile allein als Ehe- oder Beziehungshorror zu zweit.

Neuer Lebensabschnitt, neue Rollenbilder?

Weil dein Leben jetzt ohnehin im Umbruch ist – nichts ist mehr, wie es war, seitdem du in Rente gegangen bist –, kannst du dir auch überlegen, welche neue persönliche Rolle du spielen willst. Da bieten sich verlockende Möglichkeiten, die allerdings einigen Einsatz von dir fordern.

Männliche Rentner mit einer gewissen Ausstrahlung könnten sich z. B. zum Sugardaddy entwickeln. Dazu gehört, neben der gewissen grau melierten Attraktivität, ein ausgesprochen fettes Bankkonto, immer wieder nachgefüllt durch erheblichen Erfolg an der Börse. Sugardaddys »betreuen« meist attraktive Mädchen (manchmal mehrere und zunehmend auch Jungen), finanzieren ihnen Wohnung und Studium oder einfach ein sorgenfreies Leben und genießen die »Dankbarkeit«, die ihnen dafür entgegengebracht wird. Diese kann sich unterschiedlich artikulieren – drückt sich aber meist in ein und derselben Weise aus.

Die weibliche Variante Sugarmama ist zwar auf dem Vormarsch, derzeit dominiert aber noch die Dame von Welt oder Mäzenin, und rentenfinanziert funktioniert dieses Rollenspiel ohnehin nicht (genauso wenig wie das vom Sugardaddy). Diese erstaunlich jung aussehenden, wohlhabenden Damen beziehen ihre Ausstrahlung meist aus altem Vermögen, sorgen sich besonders um kreative Jungmänner (Malerei, Musik), mit denen man auf der einen oder anderen kulturellen Veranstaltung punkten kann, oder um Sportstudenten. Hier liegt das Interesse meist bei einer einzigen Sportart.

Eigentlich wollte ich mit 50 Maler werden …

Life is what happens while you are busy making other plans. – »Leben ist das, was passiert, während du fleißig dabei bist, andere Pläne zu schmieden.« Dieser Satz soll von John Lennon stammen. Und genau das ist passiert, wenn du in Rente gegangen bist. Wolltest du nicht mit 40 deinen ganz eigenen Lebensweg gehen, damit du mit 50 Maler werden kannst? Bis zur Lebensmitte richtig ranklotzen, Kohle anhäufen und dann einen Gang runterschalten. Dein eigenes Leben leben. Nur noch machen, was dir passt. Du erinnerst dich: Am Morgen deines 40. Geburtstages hast du in den Spiegel geschaut und diesen Plan gefasst. Jetzt liegen mehr als zwei gelebte Jahrzehnte hinter dir, du hast Erfahrungen gesammelt, alle Gelegenheiten, soweit es dir möglich war, genutzt. Oder doch nicht alle, manches hast du auf später verschoben, die eine oder andere Chance ergriffen, aber auch so manche ausgelassen. Aus Bequemlichkeit oder aus Angst. Im Rückblick könntest du sagen, du hast eben ein durchschnittliches, ganz alltägliches Leben gelebt. Zwischendrin warst du mit allem zufrieden. Oder eben doch nicht?

Maler bist du jedenfalls nicht geworden. Wenn du heute in den Spiegel guckst (es ist mittlerweile ein anderer) und dir selbst in die Augen schaust, siehst du da nicht noch immer tief im Innern deiner Seele diesen alten Traum? Mit 50 werde ich … Da gab es dieses Musikstück, das dich vor ein paar

Jahren an deinen Traum erinnert hat, den du schon fast vergessen hattest: *I want a brand new house ... and a bathroom I can play baseball in.* Ja, Rockstar wäre auch ein Weg gewesen. Oder eben Maler. Aber dann kamen dir wieder Termine dazwischen, Kompromisse wegen der Kohle ...

Mit der Kohle ist es bei den meisten von uns nicht ganz so gelaufen wie geplant, damals in diesen Träumen von der frühen Existenz als Luxusrentner. Gut, dir ging es nicht schlecht, allerdings hätte das Konto hinten durchaus eine Null mehr haben können, vor dem Komma. Aber da war das Haus, der Wagen, und dann kamen die Kinder. Etwas einschränken musstest du dich schon, konntest nicht allzu viel wagen. Andererseits sind die Ansprüche mit der Zeit gewachsen. Man war einen gewissen Standard gewöhnt. Gutes Hotel im Urlaub, Sechszylinder, Designerklamotten. Hättest du darauf verzichten können?

Jetzt kommt die tolle Nachricht: Du bist pensioniert, beziehst eine Rente und kannst deinen Lebenstraum jetzt tatsächlich realisieren. Das Haus ist groß genug, um es als Atelier zu nutzen, deine Frau erscheint dir äußerst geeignet für die Beschäftigung als Muse und Modell – weil sie dich überrascht, jedes Mal, wenn du sie als Venus in der Muschel siehst, auch Botticelli würde staunen.

Du pennst also morgens bis elf. Das hast du verdient, schließlich hast du bis tief in die Nacht hinein die abendländische

Kultur um bedeutende Meisterwerke bereichert. Da darfst du schon mal ausschlafen. Dein Gewissen hat noch nicht ganz realisiert, dass die Sache mit dem Acht-Stunden-Tag vorbei ist. Du befiehlst ihm, die Klappe zu halten. Es hätte ohnehin keine Chance gegen dein Genie.

So könnte dein regelmäßiger Lebensrhythmus aussehen. Später, wenn du berühmt bist, legst du die Käufertermine immer auf den Nachmittag oder Abend, das passt gut, weil die exzentrischen amerikanischen Milliardäre, die deine Werke kaufen, wegen des Jetlags ohnehin erst zu dieser Tageszeit anreisen. Das Joggen lässt du ausfallen, das hat dich früher ohnehin immer genervt. Dann frühstückst du und guckst dir dabei bescheuerte amerikanische Zeichentrickserien im Frühstücksfernsehen an wie früher mit den Kindern, bis sich in deinem Hinterkopf neue kreative Gewitter zusammenbrauen. Du gehst rüber ins Atelier, findest dort den Pizzakarton von gestern Abend – Pizza gigante mit Anchovis, Kapern und Oliven – und beschließt spontan (Künstler sind ja immer so spontan), das Stück Pappe näher zu betrachten. Du stolperst über die Flasche mit dem mitgelieferten Rotwein, der geht rein wie ein Zäpfchen. Da, die Inspiration! Aus dem Deckel der Pizzapackung wird Komposition 23 entstehen, Trance in Rot. So wird es in deinem Gesamtwerkeverzeichnis stehen. Du taumelst zur Staffelei, mischst Farben an, malst auf der Pappe wie besessen. Rauschhaft. Exzessiv. Ja, so hast du dir das Künstlerleben vorgestellt! Oder ist es nur der Rotwein? Vor deinen Augen dreht sich alles.

Wilde Spiralen in Rot und Orange auf der Pappe. Deine Hirnzellen tanzen Samba, oder ist es eine Terpentinallergie? »Schmier doch nicht immer so ekelhaft rum!«, mahnt dein Gewissen als Fratze auf der Leinwand nebenan. Du übermalst es einfach mit einem breiten Pinselstrich und vertiefst dich in dein neues Werk, fällst wieder in Trance. Wieder der schöpferische Rausch! Das wird eines deiner bedeutendsten Werke! Bei Warhol waren es Suppendosen, und Man Ray hat mal ein komplettes Scheißhaus zum Kunstwerk erklärt oder so, und Joseph Beuys hat …

Eben klingelt es an der Haustür, und ein bedeutender internationaler Galerist, der beim Vorüberfahren mit seinem handgefertigten Kohlefaserrennrad einen Blick durch dein Atelierfenster erhaschen konnte, tritt ein. »Meister«, spricht er dich an, »dass ich das noch erleben darf. Ich kaufe es, zu jedem Preis!« Er schaut über den Rand seiner von Elton John signierten Designerbrille, seine Augen hängen wie festgenagelt an deinem Werk. »Es ist unverkäuflich!«, sagst du kategorisch. »Es ist noch unreif, unfertig, unerträglich!« Du brichst in Tränen aus, deine Muse stützt dich. Dir ist dermaßen schlecht … Wieder dreht sich alles, du fällst, überschlägst dich, stürzt … Draußen hört man einen Schuss. Der zutiefst in seinem Innern enttäuschte Galerist hat sich entleibt.

»Mensch, Alter, wach auf!« Es ist deine Muse, die plötzlich wieder ganz normal wie deine Ehefrau aussieht. Verdammt, du bist schon wieder bei *Aspekte* eingepennt. Furchtbarer Albtraum. Das alte Lied. Kultursendungen bekommen dir nicht.

»War es wieder derselbe Traum?«, fragt deine Muse. Du nickst stumm. Sie nimmt dich in den Arm.

»Ach, Alterchen, ein Glück, dass du im wahren Leben Finanzbeamter warst!«

Outdoor nach dem Glück suchen

Sind Rentner wirklich Wandervögel? Schlechter Witz: Der Bevölkerungsanteil der Rentner ist gespalten – er zerfällt in zwei Gruppen. Die eine Hälfte will wandern, die andere … Wenn du jetzt noch eine zusätzliche Portion Sexismus hinzunimmst, ist dir schon klar, wer von der Realisierung überzogener erotischer Träume fantasiert und wer perfekt ausgerüstet durchs deutsche Mittelgebirge stapft.

Nein, oft ist ja alles noch viel schlimmer: Während die Frauen im Westerwald oder Schwarzwald im Frühtau zu Berge ziehen, liegen die Männer als Couchkartoffeln zu Hause mit einer Flasche Bier vor dem Fernseher. Und in der Nacht, wenn ihre Gattin wandermüde in der Karobettwäsche eines Landgasthofes schläft wie ein Baby, treibt ihrem Gatten das immer noch reichlich vorhandene Resttestosteron Visionen ins Hirn. Er schläft unruhig und träumt von einer vollen Bluse, bekommt aber nur zwei- bis dreimal pro Nacht eine volle Blase – wegen seiner altersbedingt vergrößerten Prostata. So ungerecht ist das verteilt im Rentnerdasein. Ein Ausweg: mitwandern!

Gut, hier wurde wieder einmal übertrieben, es gibt durchaus männliche Rentner, die wandern. Rentnerpaare treiben es dann aber häufig auf die Spitze und verfallen in ein anderes Extrem. Sie erschrecken die Aborigines, also die einheimische Bevölkerung – zum Beispiel im Sauerland oder im Bayerischen Wald – mit außerordentlichen Ausrüstungsorgien. Sie tragen ultraleichte, schockfarbene, gut 600 Euro teure Hardshell-Bergsteigerjacken im Partnerlook, dazu steigeisenfeste Bergschuhe. Natürlich sind sie mit Höhenmesser und Sauerstoffmasken ausgestattet, wenn sie den Kahlen Asten, den Brocken im Harz oder den atemberaubende 1483 Meter hohen Feldberg im Hochschwarzwald besteigen wollen, Sicherungsseil und Eispickel sind obligatorisch. Sie fragen bei der Touristeninformation nach, wo man denn hier Sherpas buchen könnte, und sterben bei sommerlichen 25 °C den Tod durch Überhitzung, weil sie arktistaugliche Thermounterwäsche tragen. Sie suchen in der Lüneburger Heide nach den Wüstendünen und ernähren sich von Astronautennahrung, obwohl die rustikale Landhausküche in einem der vielen Dorfgasthäuser sie perfekt verköstigen könnte. Weil sie natürlich moderne Menschen sind – solche sind sie als gerade aus dem Berufsleben ausgeschiedene Rentner auf jeden Fall –, benutzen sie natürlich ein digitales Navigationsgerät, das sie mit tödlicher Sicherheit in eine menschenleere Wildnis führt, auch wenn diese in unseren Breiten eigentlich kaum noch zu finden ist. Vermutlich werden ihre Überreste dann Jahre später irgendwo in Mecklenburg-Vorpommern gefunden. Viel ist nicht übrig, denn sie wurden vom Wolf gefressen.

Eine andere Variante: Sie nennen das Wandern Trekking, schleppen derartige Unmengen an ultraleichter Ausrüstung mit sich herum, dass sie fast darunter zusammenbrechen, kochen sich seltsame Mahlzeiten aus Energieriegeln, Trockenfleisch und Dosenbrot, schlafen in winzigen Zelten, kaum größer als eine Plastiktüte im Supermarkt (als es die noch gab) und kaum besser zum Übernachten geeignet als eine solche. Und das alles nur, um denselben Stresslevel zu erreichen wie damals im Berufsleben – vor der Rente.

Um das Thema Outdoor (früher: Wandern) noch mal zusammenzufassen: Wandernde Frauen machen alles richtig, Männer hingegen sind ausgesprochen seltsam motiviert. Wenn sie sich einmischen, geht alles in die Hose.

Im Tal der reitenden Leichen

Seniorensport – was für ein Stress! Bridge, Schach und Boccia – das sind die Rentnersportarten! Gut, die Jahre voller Saft und Kraft sind vorbei, der Sportverein bietet allenfalls einen Tribünenplatz oder einen Trainerjob bei der D-Jugend, und bei der Freiwilligen Feuerwehr reicht es nicht mal mehr für die Blaskapelle – bei der Kurzatmigkeit. Es schwindelt im Männerhirn: Schachclub, Sammlerbörse, Bridge, Boccia? Darts – immerhin ein Grund, den ganzen Tag in der Kneipe herumzuhängen. Möglichkeiten für geistige und körperliche Betätigung gibt es genug …

Irgendwann in den ersten Tagen deiner neuen Lebensphase bäumt sich in dir etwas auf. Da muss es doch andere, aktivere Tätigkeiten geben! Wie wäre es mit so männlich-rustikalen Sportarten wie Dosenbier-Schnitzeljagd oder Rasenmäherrennen? Ein Grand Prix mit einem ganz normalen Aufsitz-Rasenmäher. Nicht dein Ding? Und wenn wir schon mal auf dem Land sind: Kuh-Roulette! Ein eingezäunter Spielplan auf der grünen Wiese, vier mal vier Quadrate mit weißer Kreide eingezeichnet, eine gewöhnliche Milchkuh, bis zu 16 Mitspieler setzen je auf ein Feld, und wo das Tier sich dann erleichtert, der hat alle Einsätze gewonnen …

Ähem … Jetzt bin ich wohl ganz von der Rolle. Beginnende Demenz?

Zurück zur Normalität: Beschäftigen sich nicht viele deiner Leidensgenossen im Rentenalter mit der Sache auf zwei Rädern: Radfahren? Man bewegt sich an der frischen Luft, ohne sich zu überanstrengen, kommt in die Welt und unter Menschen und könnte damit ganz und gar glücklich sein. Früher war so ein Fahrradausflug kaum zu toppen. Da rollte man auf einem schicken Hollandrad über die noch etwas knappen Radwege, hielt an, wenn es etwas zu sehen oder zu trinken gab, und fuhr weiter – ohne Stress. Abends erreichten die Radfahrer nach ausreichend Bewegung ihr Zuhause und schliefen nach einem guten Abendessen sportlich ausgelastet wie die Murmeltiere.

Dann kam der Radsport. Vielleicht war es die exzessive Übertragung des großen französischen Dopingfestivals, der Tour de France. Menschen, die zuvor aufrecht auf ihrem Rad sitzend und entspannt durch die Landschaft glitten, zwangen sich plötzlich auf ein Rennrad und quälten sich in äußerst unbequemer Vorlage Kilometer um Kilometer durch die Landschaft. Das alte Fahrrad, das bereits seit Jahrzehnten in der Garage stand, war nicht mehr gut genug, es wog nämlich 28 Kilogramm, und irgendeine Testzeitschrift redete den Radlern ein, das seien 20 Kilogramm zu viel. Für Unsummen erstanden die neuen Radsportler zuerst Räder aus Aluminium, dann Räder aus Magnesium, Kohlefaser und Kevlar und schließlich … ja, was denn eigentlich? Aus irgendeiner Substanz, die von Elon Musk vermutlich für den Flug zum Mars entwickelt wurde. Das neue Rennrad wog jeweils 600 Gramm weniger als das vorangegangene Modell, und das für geradezu geschenkte 8000 Euro.

Kurz gesagt: Das Geschäft mit dem Radsport brummte, obwohl die Räder anfangs noch keinen Elektromotor besaßen. Zusätzlich zum extrem leichten Rennrad schob die Industrie optimierte Mountainbikes nach, entdeckte das E-Bike und zwischenzeitlich auch das Outfit von Fahrer und Fahrerin.

Womit wir im Tal der reitenden Leichen angekommen wären. Weil in den Profi-Radrennen Haifischhaut-Anzüge, Stromlinienhelme und ähnlicher Schnickschnack für die entscheidenden Hundertstelsekunden sorgten, musste auch der Amateur nachziehen – wozu sonst hatte er das exorbitant teure, 600 Gramm leichtere Rad gekauft? Sie erwarben windabweisende Fahrradtrikots aus 100 Prozent Polyester, obwohl bisher im Alltag absolut nichts außer reinster Naturfaser ihren Körper berühren durfte. Unter dem bereits erwähnten strömungsoptimierenden Superhelm hat der engagierte Amateur sich eine insektenhafte Sportbrille montiert – Dutzende Libellenweibchen stürzen sich paarungsbereit auf den Fahrer.

Was hat das alles, so fragst du dich vermutlich, mit dem Rentnerdasein zu tun? Eine ganze Menge, denn ein Großteil des absoluten Hightech-Outfits für das Radfahren wird von Menschen jenseits der 65, ja oberhalb der 70er-Jahre gekauft.

In gewissen Kreisen steigt heute niemand mehr ohne angemessenes Outfit auf ein Fahrrad. Nur treten dabei eine Reihe seltsamer Verfremdungseffekte auf: Entweder sitzt auf dem 4,4 Kilogramm leichten Rennrad AX Lightness VIAL Evo Ultra ein 120-Kilo-Koloss, und das wirklich Erstaunliche daran ist, dass das Hightech-Gerät nicht augenblicklich kollabiert. Nein, das schlaue Gerät – gibt es eigentlich Smart-Bikes? – überlässt das Kollabieren dem übergewichtigen Fahrer nach einer Grenzerfahrung, also nach etwa acht oder neun geradelten Kilometern. Oder wir haben es mit der Fitness-Variante zu tun: Während die Profis auf der Tour auf ihren

Geräten aussehen wie eben Profis auf Hightechausrüstung, liefern besser trainierte Hobby-Radsportler auf den Straßen geradezu makabere Szenen. Es kommt zu Begegnungen der besonderen Art, wenn jemand, vielleicht einmal ein jüngerer Mensch, nichts ahnend durch den Naherholungsbereich eines bestimmten Stadtviertels schlendert: Plötzlich, wie aus dem Nichts, kommt ihm eine Mumie, wenn nicht gar der Pharao selbst auf einem Rennrad entgegen, eine hagere Gestalt mit dem Body-Mass-Index eines Gerippes, aber ausgerüstet mit futuristischem Kohlefaserhelm. Darunter das Gesicht mit völlig ausgemergelten Zügen, den skeletthaften Körper gehüllt in knallbunte Funktionskleidungsstücke, spezielle Radfahrschuhe der letzten Generation an den Füßen, auf einem Carbon-Rennrad der Preisklasse zwischen 10 000 und 20 000 Euro und eigentlich schon tot. Die LED-Beleuchtung unter seinem Hinterteil lässt an die Intensivstation denken. Wenn man sich die gesamte Erscheinung anschaut, so fragt man sich: Wie kann sich dieses Wesen eigentlich noch auf dem Fahrrad halten? Und warum fährt es überhaupt noch Fahrrad? Muss ich Rad fahren, um auch so alt zu werden? Und: Will ich eigentlich so alt werden?

Es geht auch anders: E-Bikes

Lösen wir unseren Blick von den extremen Wucherungen des Zeitgeistes und kehren wir zurück auf die Radwege der Normalität – mit elektrischer Unterstützung. Die Zeiten, als die ältere Generation den Kauf eines E-Bikes ablehnte, weil man ja noch fit war und kein Behindertenfahrzeug benötigte, sind endgültig vorbei. Das Image des E-Bikes hat sich total geändert. Rentner und Rentnerinnen lieben es, weil es das Radfahren dort möglich macht, wo es bisher nicht möglich war, zum Beispiel auf den steilen Straßen des Mittelgebirges. Das Fahrrad mit Tretkraftverstärkung bietet eine enorme Steigerung der Reichweite. Pedelecs sind das ideale Verkehrsmittel dieser Tage, weil sie ihre Besitzer so frei und unabhängig machen und außerdem das Konto schonen. Benzin oder Diesel sind teuer, Strom ist vergleichsweise günstig.

Frauen jeder Altersklasse verfallen dem Fahrzeug nach anfänglichem Zögern und nach der ersten Tour (»Wow! Das geht ja ab wie Schmidts Katze!«), nennen ihr E-Bike »mein Stromerchen«, »Rädle« oder »Heidi«, als wäre es eine gute Freundin, und lieben ihren gemeinsamen Auftritt am Supermarkt. Die Dame, das Damenfahrrad und die schicken roten Einkaufstaschen über dem hinteren Gepäckträger – das ist filmreif! Und außerdem freuen sie sich, ohne Probleme durch den Stau in der Innenstadt radeln zu können, um ihre Freundinnen zu treffen, und bei der Ankunft im Café nicht einen Schweißtropfen auf der Stirn fortwischen zu müssen.

Auch der männliche Rentner schätzt das Fahrrad mit konstantem Rückenwind, wählt immer häufiger die sportliche Variante, das E-Mountainbike, das er dann »Bergziege«,

»Stahlross« oder »Miststück« nennt. Ganz coole Typen sprechen auch von ihrem Radl – das pure Understatement. Wenn sie zur älteren Generation gehören (also keine Frührentner sind), fällt ihnen vielleicht auch der schöne deutsche Begriff Drahtesel ein. Weil es für Männer immer gern eine Nummer größer sein darf, steigt der rasende Rentner hin und wieder auch auf die 45-km/h-Variante inklusive Helm und Geschwindigkeitsrausch.

Während die genauen Spezifikationen des Rades den Frauen meist schnurzpiepegal sind, begeistern sich die bikenden Männer für die Technik: Sie geraten in einen Rausch der Geschwindigkeit, wenn ihr E-Bike die 25-km/h-Grenze auch nur ein bisschen überschreitet, und beeindrucken sich gegenseitig mit genauesten Angaben über die Batteriekapazität und das Drehmoment, das ihr bärenstarker Bosch- oder Yamaha-Motor zu leisten in der Lage ist. Wohlhabende ältere Herren fahren immer auch die teuerste Marke.

An einer Stelle allerdings setzt die Begeisterung der Rentnergeneration für das E-Bike aus: Wenn es a) zu kalt und b) zu nass für Zweiräder ist, bleiben Stromerchen und Bergziege in der Garage. Rentner können es sich erlauben, auf besseres Wetter zu warten.

Hörgerät und Rollator als Objekte der Begierde?

Irgendeinem Fetisch rennt man im Laufe seines Lebens immer hinterher. Der geilste Firmenwagen, wer hat das kleinste Handy (das war auch mal eine Weile erstrebenswert), wer das leichteste Notebook? Steht das richtige Logo auf dem jeweiligen Gerät? Irgendetwas braucht jeder Mensch, um sich von den anderen als Teil der Elite abzugrenzen. Gut, jetzt als Rentner kann man immer noch mit dem Auto angeben, zum Beispiel mit einem Lamborghini zum Supermarkt fahren. Zum einen ist das aber unpraktisch, zum anderen teuer, und letztlich wird im Augenblick der Fetisch Auto so rasant demontiert, dass man bereits absehen kann, wann der Tag kommt, an dem man Kommentare hört wie: »Guck dir den armen Alten an, der muss noch einen Acht-Zylinder-Benziner fahren!« Na ja, ob es tatsächlich so kommen wird? Schließlich gibt es noch den elektrischen Ausweg – wer hat den geilsten Tesla oder E-BMW?

Der moderne Rentner von heute macht bei diesen Spielchen nicht mehr mit, sondern kümmert sich um die Hardware, die für ihn wichtig ist oder vielleicht eines Tages wichtig wird. Wer hat das kleinste Hörgerät und kriegt am meisten mit? Ohne Scherz, das ist extrem bedeutsam, denn ein Großteil unseres Informationsflusses läuft akustisch – über das Ohr. Es geht schon bei der lieben Verwandtschaft los. Wenn die jüngere Generation loslegt, versteht der leicht auditiv geschädigte Rentner wirklich nicht mehr das meiste. Und wer weiß, wie schlimm die über ihn herziehen …

Der neueste Trend: Gehbehindert – na und? Wer hat den schönsten Rollator? Designer in aller Welt kümmern sich darum, immer attraktivere Modelle auf den Markt zu werfen. Edelstahl und Wurzelholz kommen zum Einsatz, alles klickt und fluppt, und sicher wird man auch noch irgendwelche Funktionen finden, die digitalisiert werden können, damit das Smartphone mit dem Rollator kommunizieren kann, weil ja sonst schon im Rentnerleben nicht allzu viel los ist. Tolle Möglichkeiten tun sich auf: der personalisierte Rollator, den man mit dem Handy herbeirufen kann, der Rollator mit fest eingegebener Heimatadresse, der dich nach einem feuchtfröhlichen Abend in der Kneipe zielsicher ins heimatliche Bett bringt, ein weiteres Gerät, das mithilfe digitaler Gesichtserkennung perfekt allen Menschen ausweicht, denen du auf gar keinen Fall begegnen möchtest.

Mach dir übrigens klar: Du gehörst zur ersten Generation mit Handyhalterung am Rollator. Und zugleich zur letzten, von deren Jugendsünden es keine Fotos auf Facebook oder Whatsapp gibt. Keine schlechte Ausgangslage.

Das Geschrei der Vögel am Morgen ...

Jetzt, da das Thema Schwerhörigkeit schon einmal angesprochen wurde: Auch du hörst immer schlechter? Die Höhen sind futsch, übrig bleibt ein dumpfes Brummen und Rauschen – nicht sonderlich störend, wenn man gerade nichts hören und verstehen will. Auch sonst kein Problem, an jeder Straßenecke lauert ein Akustikstudio, wo man dir, unterstützt durch reichlich Fernsehwerbung, eine völlig unsichtbare Wanze ins Ohr pflanzen will. Die Geräte sind toll – damit hörst du glasklar in allen Frequenzbereichen. Aber willst du das überhaupt? Du hast mit zunehmendem Alter die Schwerhörigkeit immer besser kennengelernt. Mal ehrlich: Gibt es da nicht auch gewisse Vorteile? In jüngeren Jahren hättest du das tolle Haus in dem Landschaftsschutzgebiet, das direkt an den Flughafen grenzt, überhaupt nicht kaufen können. Du hättest kein Auge zugemacht bei dem Fluglärm! Im Urlaub wohnst du jetzt in dem preiswerten Feriendomizil über der Taverne »Domestos«, in der häufig bis zum Morgengrauen gefeiert wird. Noch vor ein paar Jahren hättest du nach ein, zwei schlaflosen Nächten bereits eine schwere Sirtaki-Vergiftung erlitten – jetzt nimmst du einfach das Hörgerät raus. Und gut ausgeschlafen bist du jetzt auch, zumal dich nicht jeden Morgen der Zwerghahn deines Nachbarn schon bei Sonnenaufgang aus dem Bett kräht. Nachtmaske auf, Hörgerät weg – da können sich das Hähnchen sowie Amsel, Drossel, Fink und Meise in der Morgendämmerung die

Seele aus dem Leib schreien – du schläfst in paradiesischer Stille und hörst sie nicht.

Beschäftigungstherapie

Nein, korrekt gelöste Kreuzworträtsel sind nicht wirklich das höchste erstrebenswerte Ziel für deine Existenz als Rentner oder Rentnerin. Du kannst deine Bücher katalogisieren, deine Vinyl-Platten und CDs datentechnisch erfassen, aber wozu? Irgendwie gehen deine Mitmenschen davon aus, dass Rentner und Rentnerinnen zur Verblödung neigen – damit musst du rechnen. Sinnlose Ordnungsaufgaben und ganze Bände voller Kreuzworträtsel und Sudokus sind nur ein Symptom dieser Einschätzung deiner bedauernswerten Person – Rentner, alt, eigentlich ganz nett, aber ziemlich weich in der Birne. Dagegen solltest du etwas unternehmen! Zum Beispiel könntest du deine Enkelin im Memory besiegen … Träum weiter, das schaffst du nie!

Eine sinnvolle Beschäftigung speziell für Rentnerinnen ist die Rolle als Leihoma. In einer Welt, in der Babysitterinnen die ihnen anvertrauten Kleinkinder rücksichtslos mit Netflix bekannt machen und stundenlang mit ihnen zweifelhafte Serien anschauen, ist die grundgütige und wertkonservative Leihoma sicher für viele Eltern eine Alternative.

Vielleicht kommst du mit deiner Suche nach dem Lebenssinn weiter, wenn du eine Liste aufstellst, die in alphabetischer

Reihenfolge die Orte benennt, die weniger langweilig sind als der Platz auf deinem Sofa – auch so ein Vorschlag aus einem Ratgeber. Es ist schwer zu sagen, warum der Autor dies so wahrnimmt, aber meine Liste fällt ausgesprochen kurz aus, enthält nur das eine oder andere Fußballstadion, Biergärten und mehrere gute Speiselokale. Eine zweite, mit einem Vermerk »vertraulich, nicht jugendfrei« beschriftete Liste enthält unter anderem auch erotische Adressdaten, die unter den Datenschutz fallen. Die üblichen Angaben – Sauna, Massage, Freibad, botanischer Garten, Zoo – fehlen. Wie auch die unglaubliche Welt der Museen, in der sich Rentner tummeln, die vor lauter Zeitüberfluss die Verzweiflung gepackt hat.

Wenn gar nichts mehr geht und dir nichts mehr einfällt, was deinem Tag eine Struktur geben könnte, gibt es immer noch den letzten aller Auswege: die Kreuzfahrt. Ganz nach deinem Budget kannst du zwischen den unterschiedlichen Varianten wählen:

Die Jugendkreuzfahrt – du fühlst dich doch immer so jung: eine lautstarke Abteilung der Vorhölle mit furchtbaren alkoholischen Getränken, dir bisher unbekannten Drogen und Techno-Musik oder Metal. Vielleicht fährt Rammstein mit.

Die durchschnittliche Kreuzfahrt für jedermann, also eine Asi-Fress- und Sauftour, alles pauschal, mit endlos langweiligen Stunden auf dem Sonnendeck, gemeinsamem Erbrechen während eines Unwetters und abschließendem Captains Dinner mit drittklassiger Schlagermusik von Selena

Schäfer, für den kleinen Geldbeutel auch in der Flussvariante mit Weinfolklore verfügbar.

Die Luxusvariante – eine Art Fünf-Sterne-Altenheim für senile Millionäre und Millionärinnen, welche die gesunde Seeluft für sich und ihre Klunker suchen.

Zweifelhafte Rentnerratgeber halten Hausarbeit für eine besonders günstige Art der Beschäftigungstherapie, weil ja die meisten Arbeiten ohnehin getan werden müssen. Sie raten dir darüber hinaus, alle Regale in der Wohnung auszuräumen, zu entstauben und wieder einzuräumen oder alle Kleiderschränke durchzusehen, eine Auswahl für die Altkleidersammlung zu treffen und nachher alles wieder einzuräumen. Oder die Messer, Gabeln und Löffel in der Besteckschublade zu zählen, zu putzen und neu zu ordnen, und wenn du mit all der Hausarbeit fertig bist, fängst du einfach von vorne an. Unterhaltsam sind solche Vorschläge nicht, aber befriedigend soll es sein, jede Seite aus dem Ratgeber zu reißen, der zu einem solchen Blödsinn geraten hat. Zerkleinere die Seiten mit einer Nagelschere in winzige Stücke und kompostiere diese in einem Blumentopf. Verbrennen geht ja nicht mehr. Klimakatastrophe. Womit wir beim Garten angekommen wären.

Der grüne Daumen

Willst du einen Tag lang glücklich sein, so betrinke dich.

Willst du ein Jahr glücklich sein, so heirate.

Willst du ein Leben lang glücklich sein, so schaffe dir einen Garten.

Eine wunderbare chinesische Weisheit, die sicherlich für viele Menschen zutrifft, die sich seit dem Eintritt ins Rentenalter intensiv mit ihrem Garten beschäftigen. Rentnerinnen und Rentner, die ganz begeistert davon sind, alte Obstsorten nachzuzüchten und ihr wirklich eigenes, »samenfestes« Gemüse anzupflanzen. Auf die hochgezüchteten Hybridsämereien aus dem Gartencenter können wir schließlich alle verzichten! Und der neue grüne Daumen kann noch ganz andere Folgen haben, die für reichlich Leben in deinem Leben sorgen.

Da wäre zum Beispiel die Sache mit dem Mäher: Wusstest du, dass Ferrari Rasenmäher baut? Seit mein Nachbar einen hat, kann ich nicht mehr ruhig schlafen. Nicht etwa, weil ich auch einen haben wollte, sondern weil der Nachbar am Samstagmorgen bereits um 6:30 Uhr mit entrücktem Grinsen hinter seinem Ferrari 530S herläuft und auch die letzten lebenden Reste Grün von der Fläche entfernt, die einmal sein Rasen war …

Oder die Simplicissimus-Geschichte, allerdings die 2022er-Version. Der Enkel meiner Nachbarin, Timon, war ein aufgewecktes Kind. Immer lernbegierig, immer unterwegs, freundlich zu Mensch und Tier, ja, zugegeben, manchmal ein bisschen nervig. Vor vier Wochen ist er verschwunden wie einst Dr. Livingstone im afrikanischen Dschungel, nur dass es in seinem Fall die Wildnis des Ökogartens der Familie war. Zwischen Trockenmauer und Feuchtbiotop, gleich hinter der Streuobstwiese im Unterholz des Mischwaldes am Ende dieser überbordenden Wucherung. Dort ist bereits Herr Mautz, unser Kater, verloren gegangen sowie ein kompletter Rasenmäher. Es handelt sich wohl um ein sehr gefährliches Bermudadreieck, das in kaum einem Jahr entstanden ist, seit unsere Nachbarin Frau Gnoltz, ehemalige Biologielehrerin, pensioniert wurde. Hin und wieder hört man dort auch Wölfe heulen. Timon war plötzlich weg. Wir setzten zwar keine Hubschrauber ein, aber die gut ausgerüsteten Suchexpeditionen der Nachbarschaftshilfe fanden keine Spur von ihm, nur das völlig verrostete Wrack des Rasenmähers, eine alte Heckenschere und einige Reste des Ratgebers *Der naturnahe Garten* kamen zum Vorschein. »Die Wildnis fordert eben ihren Preis, da muss man schon mal mit Kollateralschäden rechnen, wenn man ungezähmte Natur will«, sagte unsere Nachbarin, Timons Großmutter. »Das ist kein Zuckerschlecken!« Der Nachbar am anderen Ende des Grundstücks meinte zwar: »Hätten Sie mal regelmäßig Ihren Rasen gemäht, dann wäre so etwas nicht passiert!« Aber was weiß der denn schon? Vielleicht wird Timon eines Tages als neuer Simplicissimus aus diesem borealen Urwald hervortreten, ein neuer Mensch, herangewachsen am Busen unverfälschter Natur. Das könnte ein großer Tag werden …

In meiner Freizeitgestaltung spielt besonders im Frühjahr der Untergrundkampf eine große Rolle. Zumindest seitdem ich Rentner bin und Zeit habe, mich mit den Tatsachen der Biologie zu befassen. Eisbären zum Beispiel sind unberechenbar, sie haben ein Pokerface. Keine Miene verrät, ob sie nun den Pinguin rechts neben dem Eisberg oder den Polarforscher links davon verschlingen wollen. Meist ist es der Polarforscher, aber darauf kann man sich einstellen und nur diejenigen Forscher in Regionen mit Eisbären schicken, die ihre Projekte bereits abgeschlossen haben. Warum ich das jetzt erwähne? Weil die Winkelzüge der Maulwürfe in meinem Garten völlig unkalkulierbar sind! Mimik spielt keine Rolle, man sieht die Biester ja nicht. Vor zwei Jahren attackierten sie mich und meinen Rasen zum ersten Mal, und dann gleich im Großangriff. Hügel grenzte an Hügel und dazwischen ich, noch unbewaffnet, aber tief in der Seele getroffen und ziemlich wehrlos, weil die Wühler vor allem dann wühlten, wenn ich nicht zu Hause war. Meine Kampferfolge vom Vortag gingen jedes Mal verloren, sobald ich acht Stunden lang meinem Beruf nachging. Kam ich dann nach Hause, warf einen Blick auf die geliebte Wiese hinter dem Haus, soll ich mit den Zähnen geknirscht und die Fäuste geballt haben. »Tu den armen Tierchen bitte nichts!«, sagte meine Frau verängstigt. »Die sind ja so niedlich mit ihren schwarzen Pelzchen!« Also sanfte Methoden. Knoblauch in die Erde – scheint ihnen ausgezeichnet zu munden, Regenwurm mit Knoblauch … Meinen Erzfeind unter den schwarzen Verbrechern nenne ich übrigens Egon. Egon macht die größten Haufen, und er ist der Einzige, der sich am helllichten Tag nach oben traut. Guckt frech aus seinem Erdhügel und grinst. Nachts plagen mich Albträume, Egon von einer Mistgabel aufgespießt, und ich muss ihn jedes Mal wiederbeleben – Tierschutz! Aber ich erwische ihn noch, irgendwie. Im Augenblick überwache ich diese Region des Gartens mit einer Drohne …

Ja, so ein Garten macht viel Spaß, wenn man das Rentenalter erreicht hat und es genießen möchte.

Was mache ich, wenn mein Daumen gar nicht grün ist?

Gut, es gibt Leute, die brauchen einen Garten, um glücklich zu sein. Geschenkt. Wenn du einer oder eine von ihnen bist – Glückwunsch! Es gibt aber auch die nicht seltenen Individuen, die sich von ihrem Garten vor allem eines wünschen: Er soll kleiner werden! Eigentlich muss es noch nicht mal ein Garten sein – ein Balkon genügt. Oder ein Blumenkasten. Als Rentner kann man sich das leisten. Menschen, die voll im Leben stehen, müssen Rasen mähen und Unkraut zupfen – irgendwie erwartet das die Familie von ihnen. Aber als Rentner oder Rentnerin? Da muss man, zumindest was den Garten angeht, gar nichts mehr. Ist das nicht wunderbar? Und wenn es doch ein bisschen grün sein soll, übernimmt die Pflege der Robomäher. Und dieses von einem (wenn auch nicht sonderlich intelligenten) Computer gesteuerte Gerät liefert uns jetzt einen eleganten Übergang in die digitale Welt der Nullen und Einsen …

Du willst wissen, warum dir jetzt alle Computertipps geben?

Allzu lange haben wir sie ja noch nicht, die Computer, wenn man ihre zeitliche Verbreitung mal mit der Menschheitsgeschichte vergleicht. Vielleicht 30, maximal 40 Jahre spielen sie eine Rolle im durchschnittlichen Haushalt, und deshalb haben sich manche Sitten und Gepflogenheiten, die EDV – heute IT – betreffend, noch nicht allgemein herumgesprochen. Mit einer davon wirst du dennoch regelmäßig konfrontiert:

Alle Generationen, die das Rentenalter noch nicht erreicht haben, sind der Meinung, in Sachen Computer besser informiert zu sein als du. Und weigern sich konsequent, von dir zu lernen. Sie wollen unbedingt ihre eigenen Fehler machen! Du bist jetzt Rentner, basta, und auch die offiziellen Medien verbreiten die Ansicht, dass Rentner digitale Vollidioten seien. Vermutlich nehmen sie da das Lebensalter und den Informationsstand der Bundesregierung als Maßstab. Nein, du musst nicht in den Computerkurs der Volkshochschule, vermutlich bedienst du das Gerät perfekt und kannst – ganz im Gegenteil – allen anderen Computertipps geben. Zum Beispiel den, dass sich bestimmte Prozessoren bestens als Heizung für eine Gartenlaube eignen, aber nicht in einem Notebook verbaut werden sollten. Was der Unterschied zwischen einem TN- und einem IPS-Display ist und warum das billige Notebook aus dem Warenhaus einen so jämmerlichen Bildschirm hat. Schließlich hast du alle diese Fehler schon selbst gemacht. Dein erster Apple-Rechner kostete 4000 DM, dein nächster dann 14 000 DM, und du machtest die wertvolle Erfahrung, wie gut man im IT-Bereich Geld aus dem Fenster werfen kann, weil die teure Kiste gerade mal 10 Prozent schneller war als die preiswertere. Du weißt alles über die optimale Konfiguration, aber niemand hört auf dich. Jammer, wie tragisch!

Es existieren allerdings einige Varianten im Verhältnis Rentner/Rentnerin zu Computer: Nicht alle sind Cracks, es gibt auch einige sehr seltsame Nerds. Frauen der älteren Rentnergeneration zum Beispiel hatten lange Zeit Probleme, ein positives Verhältnis zur Technik zu entwickeln. Sie waren es, die Betriebssystem und Arbeitsprogramm nicht unterscheiden konnten – alles irgendwie Office – und den Monitor für den Computer hielten. Sie lieferten das Material für all die doofen DAU-Witze – DAU ist der Dümmste Anzunehmende User. Sie brachten Unix-Programmierer dazu, die Fehlermeldung 999 zu erfinden = Benutzer austauschen. Was für ein Segen, dass die nachfolgenden Frauen zum großen Teil Digital Natives sind.

Die digital nicht sehr begabten Damen hatten allerdings auch ein männliches Pendant: Nennen wir ihn mal den Digital Detlef. Der sensible Intellektuelle weigerte sich, so ein unmenschliches Teufelsding überhaupt zu benutzen. Das war einfach unter seinem Niveau. Schließlich sind Shakespeare und Kafka auch ohne Computer ausgekommen. Dass er schlichtweg zu blöd war, einen zu bedienen, konnte er so mit einer fetten Portion Arroganz übertünchen.

Dieser Themenkreis bringt uns zur nächsten Frage …

Warum nimmt dich dein Schwiegersohn nicht für voll?

Und deine Schwiegertochter hält dich für uncool, irgendwie hinter dem Mond? Rentner, sind das nicht die, die überhaupt von nichts eine Ahnung haben? Die von geistiger Umnachtung und dem eisigen Hauch des Todes umweht sind? Du kannst einiges tun, um dieses Bild zu korrigieren.

Fordere deinen Schwiegersohn doch einmal zu einem Wettkampf heraus. Nein, Armdrücken ist sicher nicht sonderlich sinnvoll, gegen dieses juvenile Muskelpaket kommst du nicht an. Aber hält er sich nicht für geistig überlegen, für weitaus moderner und besser informiert, als du es bist? Wie wäre es zum Beispiel mit einem Bildungs-Quiz? Nicht so eines mit trivialen Fragen und Antworten, sondern eines mit echten Herausforderungen. Oder noch besser: Fordere ihn zu einem Börsenwettstreit heraus.

Von der Börse faselt er schon die ganze Zeit, weiß alles über Indizes und Derivate, handelt natürlich online und hat ETFs gekauft, die Wertpapiere für Ängstliche mit Absturzrückversicherung und Kursverfallpuffer. Er findet das total genial: Fällt ein einzelner Wert im ETF, dann steigt ein anderer von den übrigen 1500 Werten des Fonds und gleicht den Verlust aus. Über 20 oder 30 Jahre betrachtet ist auf jeden Fall ein Gewinn drin. Börse für Doofe eben. Provoziere ihn zu einem echten Börsen-Duell – zum Beispiel mit diesem Satz von der »Börse für Doofe«.

Die Regeln für den Wettstreit: Jeder von euch nimmt dieselbe Summe in die Hand und investiert sie ganz nach Gutdünken. Es kann getradet werden, dass die Konten rauchen. Spieldauer: drei Monate. Wessen Konto sieht dann am besten aus?

Zu deiner Beruhigung: Ein ähnliches Experiment mit Börsenexperten und Affen kam zu einem überraschenden Ergebnis. Das Konto der Affen sah nach der vereinbarten Zeit deutlich besser aus als das der Aktienexperten. Du kannst es also auch schaffen. Du mit deiner Lebenserfahrung und deinen Kenntnissen im Finanzbereich wirst sicher gewinnen – oder auch nicht. Ein angenehmer Nebeneffekt: Dein Adrenalinspiegel ist drei Monate lang angenehm erhöht, deine Existenz als Couchkartoffel wird für eine Weile verschoben. Und das ist doch auf jeden Fall ein beachtlicher Gewinn.

Was, wenn dir der Stammbaum deiner Familie völlig egal ist?

Du hast im Laufe deines Lebens genug Bäume untersucht. Schon mit fünf Jahren, damals noch mit Unterstützung eures Familienhundes und mehr schnuppernd. Nein, jetzt als Rentner musst du nicht unbedingt auch noch Stammbaumforscher werden.

Wie du darauf kommen könntest, nach den Wurzeln deiner Existenz zu suchen? Einschlägige Internetseiten – man könnte sie Genealogie-Test-Dienste oder Stammbaumschulen nennen – haben diese Beschäftigung als Geschäftsmodell entdeckt und wollen dir aufschwatzen, dass du a) entweder von altem Adel bist und in direkter Linie von Kaiser Karl abstammst oder b) nicht mehr weiterleben kannst, ohne zu wissen, ob deine Vorfahren im 16. Jahrhundert bei den Orgien der Medici mitgemischt haben. Diese Ahnenforschung kostet ganz schön Geld. Gut, es gibt auch Gratis-Seiten, aber echte Qualitätsvorfahren gibt es nicht umsonst. Denkst du vielleicht, abonnierst mit einem leichtsinnigen Klick den digitalen Luxus-Ahnenforschungs-Service »Steinzeit bis heute« zu 50 Euro im Monat, und schon ist deine Rente wieder ein Stückchen kleiner geworden.

Nein, du solltest besser zu deinem relativ schwach ausgeprägten Interesse an deiner entfernten Vergangenheit stehen – deine lebenden Verwandten gehen dir schon hinreichend auf die Nerven …

Zeit für Erinnerungen!

Du hast dich schon immer darauf gefreut: Endlich hast du genug Zeit, nun kannst du in Erinnerungen schwelgen. Dein extrem karges Leben damals auf dem Bauernhof, die wunderbaren Stunden mit Bello, dem Hofhund, und deiner Lieblingsziege Heidrun, die lustigen Scherze in der Schule, wo die Lehrer noch die Schüler mobbten und nicht umgekehrt, deine Lehrjahre in der Pommesschnitzerei von Meister Mayo – ja, damals gab es so etwas noch! –, deine erste Liebe Erika, deine zweite Marita, deine dritte Horst … Dein erstes richtiges Knöllchen, die bitteren Monate danach ohne Führerschein, aber mit Mofa. Dann dein zäher Kampf fürs Studium auf dem vierten Bildungsweg, dein ausschweifendes Studentenleben in der alkoholischen Fakultät der Universität Castrop-Rauxel … und so weiter. Schon spannend, das Leben.

An was man sich so alles erinnert! Während dein Kurzzeitgedächtnis so langsam einige Dellen bekommt, kristallisieren sich aus dem Nebel der Vergangenheit immer häufiger Bilder heraus, die du für längst vergessen hieltest. Mehr noch: Mit zunehmendem Alter entwickelt man offenbar die Fähigkeit, aus unscharfen Schnappschüssen wahre Schlachtengemälde, ganze Panoramen und Tryptichen vergangener jugendlicher Epochen entstehen zu lassen. Eine Unzahl von visuellen und emotionalen Einzelheiten präzisiert sich, es macht ungeheuren Spaß, in dieser Weise durch die Welt der Vergangenheit zu reisen. Unter dem Eindruck dieser neuen Qualifikation landest du quasi automatisch auf der biografischen Schiene. Das Erinnerungsprogramm wird immer großartiger – es wäre doch schade, wenn das alles der Nachwelt verloren ginge! Wäre es jetzt nicht an der Zeit, deine beeindruckende Vergangenheit in schöne Worte zu fassen und zu Papier zu bringen?

Das Plädoyer für die Biografie

Bevor du mit dem Schreiben beginnst, solltest du dir darüber im Klaren sein: Du bist von Natur aus derjenige, der sich am meisten für deine eigenen Unvergesslichkeiten interessiert. Wirklich mit Begeisterung lesen wird das ansonsten niemand, oder? Sieh es bitte realistisch: Die Nachwelt brennt nicht darauf, sich mit deinem Vorleben zu befassen – ich habe da selbst meine Erfahrung machen müssen.

Schon meine ersten Versuche mit einer schriftlich festgehaltenen »Test-Anekdote« aus meinem ach so wilden Studentenleben, vorgetragen auf der Geburtstagsfeier von Onkel Henry, zeigten klar und deutlich: Schlaftablette! Das arme Wildschwein, das ich auf dem Rückweg von Amsterdam überfahren hatte, als ich total bekifft und mit einem Kofferraum voller Gras durch die Hoge Veluwe nach Hause fuhr, und wie ich dann aus unerfindlichen Gründen geglaubt habe, Jesus mit einer Neonkrone auf dem Kopf steige aus dem Moor empor, woraufhin ich das Steuer meines Heckflossen-Benz verriss und das arme Tier … – diese historischen Sensationen und Tatsachen erzielten bei meinem Publikum nur ein müdes Gähnen. Lediglich mein Neffe Ansgar guckte auffallend verträumt und drehte sich eine seiner merkwürdigen Zigaretten. Ich versuchte später noch, das Interesse mit einigen haarsträubenden Geschichten aus meiner WG-Zeit erneut anzufeuern, und schilderte eines unserer epischen Gastmähler im Wohnküchenschlafklosett in der Marienthalstraße, wo vor dem Vorhang gekocht und gegessen und hinter dem Vorhang … Ja, genau so reagierten auch meine Zuhörer, lassen wir das lieber.

Onkel Henry schenkte mir zwar kurz seine Aufmerksamkeit, als etwas weiter in meinem Text die durchsichtige sommerliche Bluse von Regina erwähnt wurde, und forderte: »Weitere Fakten, Mann, mehr Details, die heißen Einzelheiten!« Diese war ich jedoch nicht bereit, öffentlich zu machen. Wieder verlor meine private Testlesung einen Zuhörer, zumal das kalte Buffet eröffnet wurde.

Biografie oder nicht, fragst du dich vielleicht nach meinem Erfahrungsbericht. Überleg doch mal: Es verhält sich wie mit einem Diaabend. Das, was du anbieten kannst, sind die langweiligen, ziemlich trivialen Bilder, und was nicht den Stempel Trivialität erhalten müsste, ist dir entweder a) so peinlich, dass du es für dich behalten möchtest, oder b) nicht jugendfrei. Bei mir weckten meine Schilderungen auch noch c) das Interesse von Tante Helga, die zwar pensioniert ist, aber bei der Drogenfahndung gearbeitet und schon bei meiner Wildschweingeschichte so merkwürdig geguckt und sich Notizen gemacht hat.

Wenn du gern schreibst: Mach es, aber erst einmal für dich. So, wie sich deine presenile Gedächtnisverschärfung derzeit entwickelt, wirst du mühelos 600 Seiten füllen und eine Weile beschäftigt sein.

Noch eine existenzielle Frage: Was rede ich jetzt nur beim Klassentreffen?

Es fehlt dir als Rentner an Beschäftigung – warum also nicht mal wieder zum Klassentreffen? Irgendwer zettelt immer gerade eins an. Du hast dich also darauf eingelassen, bei dem Spiel mitzumachen, jetzt musst du sehen, wie du gut über die Runden kommst. Worüber redet man mit Menschen, die man eigentlich nur aus der frühen Steinzeit kennt? Gut, der eine oder andere ist im späteren Leben wieder aufgetaucht, hatte vielleicht denselben Beruf oder wohnte ganz in der Nähe. Auch Freundschaften aus dem Klassenverband hat es womöglich gegeben. Aber der Durchschnitts-Klassenkamerad ist dir mittlerweile ausgesprochen fremd. Du erkennst sie kaum noch – und sie erkennen dich nicht. Worüber soll man da reden?

Der Beruf ist nicht mehr Thema, wenn erst mal ausgetauscht ist, wer was geworden und später gewesen ist. Für den Beruf des anderen interessiert man sich nicht mehr, oft nicht einmal mehr für den eigenen – das ist vorbei. Episoden aus dem jeweiligen Berufsleben werden rhetorisch eingestreut, wenn irgendwann das Gespräch darauf kommt.

Die Kuriositäten deiner Familie hast du bei den vergangenen Treffen bereits abgearbeitet. Das Ergebnis entsprach nicht ganz deinen Wünschen. Die anderen haben von denselben lästigen Erziehungsproblemen berichtet, die du mit deinen Kindern hattest. Du hast haarsträubende Berichte über Ehe- und Familienkrisen und herzzerreißende Scheidungsberichte gehört. Nicht eben erbaulich für dich, weil du ohnehin daran zweifelst, dass Männer und Frauen miteinander kompatibel sind.

Erstaunlicherweise funktioniert Familie aber manchmal doch. Weibliche Klassengemeinschaften tauschen sich stundenlang über das Liebesleben ihres Nachwuchses aus, berichten von total außergewöhnlichen Anträgen, traumhaften Hochzeiten und romantischen Hochzeitsreisen an die unglaublichsten Orte der Welt, zerreißen sich aber auch die Mäuler über Affären und über die nichtsnutzigen Männer. Die nichtsnutzigen Männer, die liefern besonders viel Stoff.

Männer der älteren Generation reden ebenfalls über ihre Liebsten: ihre Automobile. Wer hat welches wo geleast oder was hat es gekostet? Wie viel verbraucht es auf Hundertstelliter genau, wie schnell läuft es oder ist es bei 250 km/h abgeriegelt? Welcher ausgefallene Lack umhüllt die wohlgerundeten Formen dieses Designerkörpers, welches sind die neuesten technischen Gimmicks, wer versteht sein Navi, kann man mit dem Fahrzeug reden? Erwidert es Liebesbekundungen und welcher Wagen wird als nächster angeschafft?

Eine besondere Gruppe stellt die Oldtimer-Fraktion dar. Beim ersten Treffen hatten Mann und Auto ihren großen Auftritt, wurden hinreichend gefeiert, aber das lässt sich nicht wiederholen. Man fährt gar nicht erst zum zweiten Klassentreffen – zu viele uninformierte Idioten. Die Oldtimer-Freaks treffen sich lieber gleich bei den einschlägigen Veranstaltungen.

Das Thema an sich: Gesundheit – oder besser noch: Krankheit! Es liefert Gesprächsstoff für Stunden: Hi, was freuen sich alle, wenn sie die Größe ihrer Gallensteine vergleichen können oder ihre Herzrhythmusstörungen synchronisieren. Fragen kommen auf: »Hattest du auch wechselvolle Wechseljahre?« Oder bist du ein Mann, dann ist dein Thema mehr – Hoppsassa! – die Prostata! Weitere Diagnosen mit Gesprächsfolgen: Hüft- und Knieoperationen, Brustvergrößerungen, der Blutzuckerspiegel und Blutfette, die Marotten der Ärzte, die furchtbaren Zustände in den Krankenhäusern und, wenn die Herren noch nicht völlig senil sind: Wo gibt es die hübschesten Krankenschwestern? Eines ist sicher: Gesünder wirst du dich nicht fühlen, wenn du vom Klassentreffen nach Hause fährst.

Bleibt noch die Politik. Bis vor ein paar Jahren waren Gespräche über das politische Geschehen im Land noch ein bewährtes Thema für Klassentreffen, es erfolgte ein echter Gedankenaustausch, man diskutierte auf hohem Niveau, einigte sich auf einen Konsens oder auch nicht und freute sich, so viele vernünftige Menschen zu kennen. Das ist vorbei. Heute enden Klassentreffen mit politischen Themen meist als Massenschlägerei. Die eine Hälfte der Klasse, die schon immer links angehaucht war, beschimpft die anderen, eher konservativ ausgerichtet, als Nazis. Die Nazis wiederum beschimpfen ihre ehemaligen Klassenkameraden als linksgrünversifft, während die Grünlinge dazu tendieren, jeden Kontakt mit den Rechten abzubrechen. Auch ganz nett. Vielleicht musst du dann nächstes Jahr nicht wieder zum Klassentreffen.

Anlass für eine Nebenklage: das Essen bei Klassentreffen. Bis heute dominiert die Bier-und-Schnitzel-Fraktion in den älteren Generationen, in jüngeren Klassenverbänden tauchen zunehmend MMEs auf – Menschen mit Ernährungsvarianten. Die gehören dann zu den Feinschmeckern, Veganern, Laktovegetabilen oder Ovolaktovegetabilen, Paleo- und Trennköstlern oder sind einfach nur allergisch gegen Milcheiweiß, Gluten, Pfeffer, Salz oder Industriezucker. Die Arschkarte – das darf man in diesen Kreisen durchaus sagen – hat immer derjenige oder diejenige, die für die Organisation der Veranstaltung zuständig war. Sie trifft ein mörderischer Shitstorm – das Essen war ja unzumutbar!

Apropos Essen:

Weg mit dem Seniorenteller!

Früher war es in Gaststätten und Restaurants üblich, überzählige Vorräte und anfallende Speisereste an die Schweine zu verfüttern. Dies ist heute aus Tierschutzgründen nicht mehr möglich. Der Gastwirt, der nun denkt: Ja, wozu gibt es denn eigentlich den Seniorenteller, dieser Gastronom ist auf einem fragwürdigen Weg. Wischen wir diesen schlimmen Verdacht wieder weg und befassen wir uns mit den wirklichen Problemen des Seniorentellers.

Gut, manche ältere Leute können und wollen die großen Portionen nicht (mehr) bewältigen. Aber auch jüngere Gäste freuen sich, wenn alle Speisen in einer kleineren – vielleicht halben – Portion angeboten werden.

Jedoch der wichtigste Grund, den Seniorenteller von der Karte zu kicken, liebe Gastwirte: Die Zeit der 60-jährigen Greise ist vorbei. Ihr Gast, vielleicht eine elegante Dame, ist zwar, sagen wir, 63 Jahre alt, sieht aber aus wie Mitte 50, fühlt sich fit wie 40 und trägt dieselbe Kleidung wie eine 30-Jährige am Nebentisch. Glauben Sie, dass die Dame einen Seniorenteller will? Kleinere Portion, langweiliges Rezept, möglichst reizarm zubereitet, zu Brei verquirlt und somit voll gebisskompatibel? Wo bleibt da das kulinarische Abenteuer? Vermutlich hat sie nichts gegen die kleineren feinen Portionen der Sterneküche einzuwenden. Auch ein astronomisches Trading-up – aus Seniorenteller wird Special Oldie Dinner – zieht keinen Hering vom Teller …

Simulation und Sabotage

Dieses Kapitel ist besonders für Rentner und Rentnerinnen wichtig, die (noch) in einer Großfamilie leben. Ganz besondere Bedingungen – ein Beispiel: Warum man als Rentner mit noch aktiver Sippe unbedingt ein Geheimnis aus seiner Mitgliedschaft im Fitnessstudio machen sollte? Deine restliche soziokulturelle Gruppe, die Mitglieder deiner verwandtschaftlichen Wohngemeinschaft, muss nicht unbedingt überblicken, zu welchen Leistungen du in der Lage bist. Volle 60 Kilogramm in der Kraftmaschine, 20 Wiederholungen, danach 25 Sit-ups, eine volle Stunde auf dem Crosstrainer – die könnten ja denken … Auf jeden Fall nicht das, was sie denken sollten, damit dein Leben etwas bequemer wird. Grundgedanke: Du bist jetzt Rentner und sollst dich schonen – lass die anderen schuften! Heben, räumen, schleppen? Das muss nicht sein!

Die folgenden sehr speziellen Tipps für einen geruhsamen Alltag im Schaukelstuhl mögen dir beim ersten Lesen etwas seltsam vorkommen – spätestens aber, wenn du sie an der Realität gemessen hast, wirst du ihren tieferen Sinn begreifen.

Bist du nicht vor drei Jahren an der Hüfte operiert worden? Nein, es war das Knie – ach so. Egal, auf jeden Fall solltest du dieses Körperteil nicht unnötig belasten, zum Beispiel durch anstrengende Wege im Alltag. Mit einer gewissen Larmoyanz in der Stimme wird sich schon jemand finden, der dir den Bierkasten aus dem Auto ins Haus trägt.

Du hast 20 Jahre lang den Rasen gemäht, die Kinder waren blitzartig verschwunden, wenn sie nur die beiden Buchstaben »Ra...« hörten, und dein Gatte, die bequeme Socke, drückte sich mit der Begründung, Rasenmähen sei nicht gut für seinen Leistenbruch. Jetzt machst du auf krank, schwach und hilfebedürftig. Leistenbrüche sind relativ selten bei Frauen, aber es gibt genügend andere Defektstellen an einem durchschnittlichen Körper. Du kannst schon mal üben, der Satz heißt: »Nee, tut mir leid, ich hab's heute wieder dermaßen im Rücken ...« Oder: »Mein Heuschnupfen (schnief, hechel, hechel!) bringt mich fast um, so gern ich den Rasen mähen würde ...«

Allzu oft wiederholen kannst du diese holzschnittartige, ein wenig rustikale Erzählung nicht. Auf Dauer musst du dir schon die Mühe machen und dir eine filigranere Version ausdenken, die auch intelligente Menschen beeindruckt. Dass du ein Aneurysma im Kopf hast, das bei allzu großer Erschütterung (zum Beispiel beim Rasenmähen!) zerreißen könnte, ist vielleicht etwas zu dick aufgetragen und klingt außerdem nach schlechter Krankenhausserie, da haben immer alle irgendwo ein Aneurysma. Kriminelle Kreativität ist gefragt!

Wenn du einen etwas ausgefalleneren Weg wählen möchtest: Manche Tätigkeit im Freien kannst du vermeiden, indem du vorgibst, dass du an Astraphobie leidest, der Angst vor Gewittern und davor, vom Blitz erschlagen zu werden, und dein Therapeut hätte dir verboten … Ach, Quatsch, das funktioniert nicht, der Seelenklempner würde eine Konfrontationstherapie vorschlagen.

Noch ein wichtiger Umwelttipp: Weg mit dem Rasen, eine naturnahe Wiese muss deutlich seltener gemäht werden.

Derartige Maßnahmen sind nicht nur bezüglich der Gartenarbeit notwendig. Wenn sie dich zum Beispiel zum Einkaufen schicken – nee, ich hab keine Zeit, morgen Klausur, die paar Teile kann doch Grandpa besorgen! –, könntest du dich an deine beginnende Demenz erinnern, losfahren und die wichtigsten Teile vom Einkaufszettel vergessen. Oder gleich den ganzen Einkaufszettel. Oder alles Mögliche kaufen, nur nicht das, was auf dem Einkaufszettel stand. Ein zweites Mal bitten sie dich dann nicht um Unterstützung. Unglaubwürdig, das sieht nach bewusster Sabotage aus? Andere Menschen kurz vor dem Rentenalter vergessen gleich mehrere Termine mit Cum-Ex-Bankern und eine ganze Herde dummer Schafe glaubt ihnen!

Welcher Sender? Welche Musik?

For the times they are a-changin, sang Bob Dylan – wie recht er hat! Die Zeiten, als man mit der Aussage »Ich hör WDR 4!« jedermann klarmachte, dass man Fan der Wildecker Herzbuben ist und somit für das kulturelle Leben abgeschrieben werden kann – diese Zeiten sind vorüber. Radio- und Fernsehsender bemühen sich um ein jüngeres Image, spielen immerhin Rock-Oldies, wo früher noch Wencke Myhre einen Cowboy als Mann wollte oder Roy Black alle weiblichen Hörerinnen einschmalzte, ob sie wollten oder nicht. Sag mir, was du im Radio hörst, und ich sage dir, wer du bist? Das funktioniert so nicht mehr. Die *Hitparade der Volksmusik* samt Carolin Reiber wurde von den Prime-Time-Sendeplätzen verbannt und zumindest durch Uraltrocker ersetzt. Der deutsche Schlager hat schon Schnappatmung und kämpft ums Überleben. Einzig Helene Fischers reanimierte Hits und der *ZDF-Fernsehgarten* funktionieren noch als Bastion der musikalisch Minderbemittelten.

Auch im familiären Musikverständnis sind Verschiebungen eingetreten: Mit Pink Floyd diskreditiert sich der männliche Rentner bei jüngeren Verwandten zwangsläufig als Gruftie, Porcupine Tree oder Linkin Park sollten schon zum Repertoire des modernen, fortschrittlichen Seniors gehören. Die jung gebliebene Rentnerin sollte Tina Turner, Madonna und sogar Janis Joplin aus ihrer Musikbibliothek verbannen, Lady Gaga, Amy Winehouse und Dua Lipa gehen gerade noch durch.

Der Kenner weiß allerdings, dass für Senioren ein früher kaum erwarteter Sonderweg existiert: analoge Musik auf Vinyl. Wer die Vorlieben der jungen Generation für die Musik auf schwarzen Scheiben kennt, hat einen Stein im Brett. Fleetwood Mac (allerdings nur mit Stevie Nicks) geht immer, eine als Geschenk überreichte LP *Rumours* (Originalausgabe von 1977) macht die Generation der Kinder und Enkel auf immer zu abhängigen Sklaven – und bringt die eigene LP-Sammlung in Gefahr, mit viel verwandtschaftlicher Freundlichkeit ausgebeutet zu werden. »Diese doofe alte LP, *Let It Bleed*, die brauchst du doch nicht mehr, Opa ...«

Hausmittel reloaded

Wenn in der Firma etwas aus der Reihe lief, hast du den Hausmeister rufen lassen, und wenn du versehentlich etwas verschüttet hast, war das ein Job für das Reinigungsteam. Das ist jetzt vorbei. Du musst deine Reparaturen selbst machen oder einen Handwerker beauftragen, der dann in ungefähr vier bis sechs Monaten kommt. Männliche Rentner tendieren in dieser Krisensituation manchmal dazu, sich an Omas fragwürdige Haushaltstipps zu erinnern – vielleicht haben sie irgendwo noch ein vergilbtes Buch mit 999 unverzichtbaren Haushaltshilfen. Du solltest dir darüber im Klaren sein: Nicht jeder von Omas Ratschlägen ist noch immer gut. Fenster putzen mit Zeitungspapier? Das gibt Druckerschwärze-Flecken auf den Kunststoffrahmen! Allerdings ist auch nicht jeder von Großmutters Ratschlägen schlecht – besonders dann nicht, wenn man ihn ein wenig modifiziert und die neuen technischen Möglichkeiten einsetzt, von denen sie noch keine Ahnung hatte. Omas Küchentipps reloaded sozusagen – und damit kannst du als lebenserfahrener Rentner in deinem sozialen Umfeld jede Menge

Punkte machen – nur nicht bei deiner Frau, die weiß das alles ohnehin besser.

- Wie reinigt man eine Fernbedienung? Mit Rasierpinsel oder Nagelbürste.
- Wie macht man eine kalte Pizza warm? In der beschichteten Pfanne ohne Fett.
- Was tut man gegen vergilbte Gardinen? Man lässt sie weg.
- Kartoffeln schälen für die ganze WG? Mit der Bohrmaschine, einem Eimer und einer neuen Klobürste kein Problem.
- Das Klo stinkt und kein Reiniger im Haus? Gebissreiniger hilft.
- Woran erkennt man, dass Eier frisch sind? Faule Eier schwimmen.
- Wachsflecken in der Kleidung? In den Tiefkühlschrank und später herausbröseln.
- Kein Backpulver im Haus? Mineralwasser ist perfekter Ersatz.
- Gusseiserne Pfanne spülen? Nein, mit Salz säubern.
- Knopf schon wieder abgerissen? Mit Zahnseide annähen.
- Öl ins Spaghettiwasser? Bloß nicht, lieber rühren.
- Der Staubsauger müffelt. Ein bisschen Waschpulver einsaugen.
- Gericht zu scharf oder versalzen? Dasselbe ohne Gewürze noch einmal kochen, zusammenrühren, eine Portion einfrieren.

Sicherheit im Haushalt – die größte Gefahr bist du selbst!

Die Sicherheitsbeauftragten deiner Firma kannst du jetzt nicht mehr verantwortlich machen, aber zu deiner Beruhigung sagst du dir sicher: So gefährlich wie früher im Beruf ist dein Leben jetzt nicht mehr. Keine rasend schnell rotierenden Maschinen mit Schneidewerkzeugen, nichts, was dir von oben auf den Kopf fallen könnte, keine Sturzgefahr auf der Baustelle, keine vertrottelten Mitarbeiter, die deine Gesundheit bedrohen. Das trifft ohnehin alles nicht auf dich zu? Du warst Lehrer? Dann freu dich drauf, dass dich keine aggressiven Väter mehr verprügeln wollen, weil du ihre genialen Zöglinge zu schlecht bewertet hast.

Du machst dir Sorgen um deine Sicherheit? Fahr doch einfach Auto oder Fahrrad, denn auf den Straßen sind pro Jahr etwa 3500 Todesopfer zu beklagen – im Haushalt hingegen sterben 10 000 Menschen, ein Großteil davon bei Stürzen. Es gibt etliche Fallen in jedem ganz gewöhnlichen Haushalt, die dir dabei helfen können, dir den Hals – oder den Oberschenkelhals – zu brechen. Mit etwas Aufmerksamkeit lassen sie sich umgehen.

Man trifft immer wieder Senioren auf der Intensivstation, weil die alten Hausschuhe keine rutschfesten Sohlen mehr hatten und das perfekt polierte Parkett sich hervorragend als Eisbahn eignete.

Hi-Fi-Fans (in deiner Generation nicht selten) stolpern mit Vorliebe über kreuz und quer liegende Kabel, die sie eigentlich immer schon professionell an der Wand entlang verlegen wollten.

Bello und Muschi haben schon manches Herrchen oder Frauchen ins Krankenhaus gebracht – nicht durch die Tollwut oder andere Zoonosen. Auch Porky Pig, das niedliche kleine Hängebauchschwein, hat niemanden mit Schweinegrippe infiziert. Nein, frei herumlaufende Haustiere sind perfekte Stolperfallen, und zwar besonders dann, wenn der Hausherr oder die Dame des Hauses abends einen im Tee haben und durch die schlecht beleuchtete Wohnung wanken …

Warum, solltest du dich vielleicht fragen, ist deine Wohnung beleuchtet wie der Gastraum im Dunkelrestaurant in Essen-Holsterhausen oder wie ein Darkroom auf der Reeperbahn?

Überhaupt: Es werde Licht! Ein Nachtlicht mit Bewegungsmelder, strategisch geschickt im Schlafzimmer oder auf der Toilette platziert, hält dich ebenso auf den Beinen wie der eine oder andere Haltegriff in der Dusche und die rutschfesten Fliesen im Bad.

Ebenso würde die Belegung der Intensivstationen und der Bedarf an Therapie für Oberschenkelhalsbrüche deutlich zurückgehen, wenn du und deine Altersgenossinnen diese rutschigen Matten und Läufer auf dem Klo, Teppiche mit hochstehenden Kanten im Wohnraum abschaffen würden – sie sind ebenso lebensgefährlich wie …

… deine Design-Bestuhlung, diese großartigen Freischwinger, die einem so wunderbar leicht unter dem Hintern wegrutschen. Es gehört zur Etikette, deine Gäste, die damit den Abflug machen, zumindest im Krankenhaus zu besuchen …

Fazit: *Safety first!* Und ein Telefon in greifbarer Nähe kann Leben retten.

Irgendwas wird bleiben …

Mit 20 brauchen Männer Frauen und Frauen Männer. Mit 30 brauchen alle eine Aufgabe. Mit 40 den Erfolg. Mit 50 Ruhm und Ansehen. Und mit 60 und darüber, im Rentenalter? Ihre Ruhe? Falsch. Frauen brauchen gesellschaftliche Anerkennung, die Bewunderung der Männer und den Respekt ihrer Geschlechtsgenossinnen. Männer dieser Altersklasse brauchen mehr: ein Lebenswerk. Jeder von ihnen möchte etwas Bleibendes zurücklassen.

Glücklich der Mann, der schon während seines Arbeitslebens etwas Geniales geschaffen hat, vielleicht ein Buch geschrieben hat, das für Jahrhunderte in der Bibliothek der Menschheit Bestand haben wird. Ein Beamter hat sich möglicherweise mit einer unglaublichen EU-Agrarbestimmung verewigt –

Durchführungsverordnung (EU) Nr. 543/2011 der Kommission vom 7. Juni 2011 mit Durchführungsbestimmungen zur Verordnung (EG) Nr. 1234/2007 des Rates für die Sektoren Obst und Gemüse und Verarbeitungserzeugnisse aus Obst und Gemüse –, welche allen Bauern Europas für Jahrzehnte Bauchschmerzen verursachen wird. Ein Dritter schuf in seiner Laufbahn als Bildhauer aus schnödem Lehm eine Skulptur, die im Museum ahnungslose Besuchergruppen erschreckt. Und wieder ein anderer forschte, suchte und fand als Professor am MIT, dem Massachusetts Institute of Technology, eine Weltformel, die zwar keiner versteht, weil sie genial einfach, aber zugleich ungeheuer kompliziert ist.

$$(\prod = \Im \; x \, \wp \oplus \Psi 2)$$

Ein derart glücklicher Mann bekommt den Nobelpreis, darf in Werbespots für Müllermilch mitmachen und braucht als Rentner – emeritierter Hochschullehrer – keine weitere Bestätigung.

Wer bis zum Ausscheiden aus dem Berufsleben sein Lebenswerk noch nicht geschaffen hat, findet als Rentner Zeit, alles nachzuholen. Er könnte den Pariser Eiffelturm aus Coladosen im Maßstab 12 : 1 nachbauen, sollte aber die ganze Limonade nicht allein trinken. Das Koffein, der Kreislauf.

Pensionierte Ingenieure suchen nach aufsehenerregenden neuen und skurrilen technischen Lösungen, erfinden zum

Beispiel neue Treibstoffe für Automobile, die zu 90 Prozent aus Wasser bestehen. Ein Platz im Buch der Technikgeschichte ist ihnen sicher – als Lachnummer. Vielleicht reicht es auch für einen ig-Nobelpreis.

Wem der direkte Kontakt zur großen Öffentlichkeit nicht liegt, der versucht eventuell, zunächst ein lukullisches Monument in der Familiengeschichte zu errichten – in der Hoffnung, später mit einem unsterblichen Gericht in die Annalen der Kochkunst einzugehen. Hier bieten sich Rezepte wie der Rheinische Süßsauerbraten oder Bohnen mit Speck und Erdbeermarmelade an, die vielleicht in ein paar Jahren oder Jahrzehnten dem Bismarck-Hering oder dem Bœuf Stroganoff einmal den Rang ablaufen. Auch ein epochaler Nachtisch auf dem Niveau des Fürst-Pückler-Eises schützt vor dem Vergessenwerden – vielleicht. Blutwurstcreme? Frittierte Schokoriegel – ach nee, die gibt es ja schon, und vermutlich hat sie ein Mann auf der Suche nach seinem Lebenswerk erfunden.

Möglich ist es auch, im Gärtnerischen Furore zu machen und zum Beispiel eine schwarze Rose zu züchten. Säen, Stecklinge setzen, gießen, graben, pflegen und entlausen, mendeln und veredeln – und sich immer wieder aufs Neue ärgern, dass es nicht so richtig funktioniert. Mit schwarzer Tusche nachhelfen, auf der Gartenausstellung die Goldene Harke gewinnen, den Betrug vom Redakteur der Lokalzeitung aufdecken lassen, sich über den gedruckten Artikel freuen, der dann für alle Zeiten ins Zeitungsarchiv wandert. Auftrag erfüllt.

Ziemlich abgedreht, oder? Bevor du anfängst, nach weiteren Möglichkeiten der Selbstverwirklichung im Rentenalter zu suchen, hilft dir vielleicht diese ganz persönliche Schilderung weiter:

Die warme Sonne eines frühen Sommerabends schien, ich saß lange Zeit auf der Bank neben dem Sandkasten und genoss die Wärme. Meine Enkeltochter errichtete erstaunliche Sandpyramiden, ich wechselte in einen seltsamen Bewusstseinszustand, einer Meditation nicht unähnlich, schwebte in mystischen Verknüpfungen und zog die Verbindungen zwischen meinem Leben und dem, was noch kommen sollte. Ich begann zu verstehen, sah Zusammenhänge, die mir bisher entgangen waren, und das Kind baute Straßen und Gärten zwischen seinen Sandhaufen. Ein überirdischer Duft riss uns aus unseren Gedanken, als meine Frau die Terrassentür öffnete und mit metaphysisch überhöhter Stimme rief: »Kommt bitte! Es gibt Apfelpfannkuchen!«

Da wusste ich alles.

Kein anderer Ausweg, ich musste ein Buch schreiben.